Birgit Ringlein · Rolf Dieter Venzlaff

Aus Mecklenburgs
Schloss- und Gutsküchen

Die schönsten Rezepte von damals und heute

Husum

Vorwort

Wenn sich der Apotheker und der Pfarrer in dem kleinen Mecklenburger Ort Burg Stargard zu ihrem traditionellen Entenessen trafen, leitete der Pfarrer die Mahlzeit stets mit den Worten ein: „De Aant is en komischen Vagel; för einen tau väl, för twei tau wenig."

Das heißt übersetzt: „Die Ente ist ein seltsamer Vogel; für einen zu viel, für zwei zu wenig!" Womit der Pastor wohl andeuten wollte, dass die Menschen in Mecklenburg nicht nur gut, sondern auch gern reichlich essen.

Die Küche Mecklenburg-Vorpommerns, grundsolide und bodenständig, verarbeitet schnörkellos das, was die Jahreszeiten an Köstlichkeiten bereithalten: frisches Gemüse im Frühjahr, Obst im Sommer, Wild im Herbst, und zu allen Zeiten die Fische aus den vielen Seen und der nicht zu salzigen Ostsee.

Und im Winter?

Wer es sich in früheren Zeiten leisten konnte, bat, vielleicht wie der Pastor aus Burg Stargard, zum Entenbraten zu Tisch. In der kalten Jahreszeit – wenn auf den Gütern traditionell die Schweine geschlachtet wurden – sorgte man aber auch für Vorrat, pökelte und weckte Fleisch ein, das auf diese Weise über den Winter hin genießbar blieb. Aber auch Gemüse und Obst bewahrte – richtig gelagert oder eingekocht – bis zum Frühjahr seine Frische. Kühlschränke waren in der guten alten Zeit, jedenfalls in Mecklenburg, noch nicht verbreitet. Die kühlen Temperaturen der Keller mit ihren dicken Ziegelmauern mussten reichen, um die Lebensmittel frisch zu halten.

Mecklenburg war ein relativ armes Land. Der industrielle – und damit verbundene materielle Aufschwung, der um die Wende zum 20. Jahrhundert Deutschland erfasste, ging an Mecklenburg fast unbemerkt vorbei.

Die Armut der Landbevölkerung kam nicht von ungefähr, denn bereits im 16. Jahrhundert wurden Güter und vor allem Land nur an privilegierte Adelsfamilien vergeben; die Mehrzahl der Bauern aber blieb besitzlos und hatte für den

Broterwerb nur eine Möglichkeit: Sich als abhängige Landarbeiter zu verdingen. Das 1800 verkündete preußische „Gutsherrenrecht", das den Bauern schließlich kaum noch eine Chance auf eigenes Land ließ, führte dazu, dass viele Mecklenburger ihr Land verließen und in Übersee eine neue Existenz suchten.

Heute zeugen die überall im Land verstreuten großen Rittergüter, Gutshöfe und Schlösser davon, dass in Mecklenburg und Vorpommern nur eine breite und umfangreiche Landwirtschaft rentabel war. Gleichzeitig sind sie aber auch Zeugnisse des Wohlstands einiger weniger Adeliger, während der Bevölkerung – wenn sie keine Chance hatte, sich auf den Gütern zu verdingen – oft nur der Ausweg blieb, den Ranzen zu packen und fortzugehen.

Viele der Schlösser und Rittergüter sind nach 1945 verfallen. „Junkerland in Bauernhand" hieß die Devise der sowjetischen Besatzung. Man vertrieb die Eigentümer und verteilte Grund und Boden an die Bauern. Lange konnten aber auch sie sich nicht am ihnen überlassenen Eigentum freuen. Nur sieben Jahre später wurde ihr Acker- und Weideland zu Landwirtschaftlichen Produktionsgenossenschaften (LPG) zusammengefasst. Wer sich ihnen nicht anschloss, bekam kein Saatgut und verlor damit seine Existenzgrundlage.

Die Schlösser und Herrenhäuser wurden, ihrer eigentlichen Funktion beraubt, manchmal als Schulen und Heime genutzt. Viele von ihnen wurden auch ein Opfer von Sturm und Regen und verfielen. Andere wurden auf Befehl der Sowjets von der heimischen Bevölkerung abgetragen und dienten als Baumaterial für kleine Häuser der Bauern in der Umgebung.

Erst nach der Wiedervereinigung entstand eine neue, andere Sichtweise. Jetzt begann man die kulturelle und historische Bedeutung der Bauwerke zu würdigen, spiegeln und dokumentieren sie doch ein wichtiges, wenn auch nicht immer einfaches Stück Mecklenburger Geschichte. Es ist den hauptsächlich privaten Investoren nicht hoch genug anzurechnen, dass sie es sich zur Aufgabe gemacht haben, die noch erhaltenen, aber zumeist renovierungsbedürftigen Anwesen in ihren ursprünglichen Zustand zurückzuversetzen und wieder mit Leben zu füllen. Damit das gelingen kann, benötigen die Rittergüter und Schlösser außer Einsatz und Geld jedoch eine neue Funktion: Es entstanden Hotels, Ferienwohnungen, Freizeitparks und Reiterhöfe, denn die Landwirtschaft allein reicht in den allermeisten Fällen als materielles Fundament nicht mehr aus. Sie mag ihre Leute ernähren – Rendite bringt sie nur in wenigen Fällen. So ist es vor allem auch in Mecklenburg-Vorpommern, wo die Felder nicht fett wie im Voralpenland oder fruchtbar wie in den Marschen der Nordseeküste sind.

Das hielt die Kolonialisten freilich nicht davon ab, hauptsächlich im 11. und 12. Jahrhundert nach Mecklenburg und Pommern einzuwandern, sich hier niederzulassen, um nach und nach mit der slawisch-wendischen Bevölkerung zu verschmelzen. Es waren Niedersachsen, West- und Ostfalen, Holsteiner und Flamen, die ins Land kamen und es urbar machten. Noch heute erinnern die slawisch-wendischen Flur- und Ortsnamen an diese Zeit.

Das Leben war und blieb für die Bevölkerung entbehrungsreich und hart.

Deswegen wurde in den Küchen Mecklenburg-Vorpommerns damals wie heute auch nicht raffiniert, sondern deftig und bodenständig gekocht, wobei den „Tüften", also den Kartoffeln, eine ganz besondere Bedeutung zukommt. Sie fehlen bei kaum einem Gericht und sind, weil sie so vielfältig zubereitet werden können, viel mehr als ein Sattmacher. Typisch ist auch der süß-saure Geschmack vieler Speisen. Ein Schweinebraten wird gern mit Pflaumen zubereitet, eine Gans mit Äpfeln geschmort oder ihre Keulen in süß-saures Gelee eingelegt, um sie einerseits haltbar und andererseits noch schmackhafter zu machen.

Dennoch hat sich – anders als in manchen südlicheren Landstrichen Deutschlands – keine besonders spezielle Küche in Mecklenburg und Vorpommern herausgebildet. Sie gehört vielmehr mit ihren Rezepten und Gerichten in den größeren norddeutschen Raum und ist eng verwandt mit den Küchen Schleswig-Holsteins und Niedersachsens. Eine „Rote Grütze" wird man in Rostock oder Schwerin ähnlich schmackhaft serviert bekommen wie in Hamburg oder Kiel. Die Vielzahl der Fischgerichte teilt Mecklenburg-Vorpommern als Küstenland mit Schleswig-Holstein, die Wildgerichte hingegen eher mit Niedersachsen.

Wirklich typisch – und unverwechselbar nur in Mecklenburg oder Vorpommern zu finden – sind hingegen der Spickaal, die Maischull, der Kloppschinken, die Tüften mit Plum, die Pommerschen Tollatschen, der Schwarzbrotpudding …

Einige dieser Rezepte haben uns die Köche der Gutshäuser und Schlösser verraten – wir stellen sie in diesem Kochbuch vor.

Überhaupt: Wir danken den Köchen in Mecklenburg-Vorpommern, die an unserem Kochbuch mitgearbeitet haben. Wir danken ihnen für ihr großes Engagement und die Erlaubnis, einen Blick in ihre Kochtöpfe und ihre Häuser werfen zu dürfen.

Ein besonderer Dank gilt auch der Leiterin des Fritz-Reuter-Literaturmuseums in Stavenhagen, Frau Nenz, die freundlicherweise einige Redewendungen ins Mecklenburger Platt übersetzt hat.

Birgit Ringlein
Rolf-Dieter Venzlaff

Rittergut Bömitz

Das Rittergut Bömitz, 1340 zum ersten Mal urkundlich erwähnt, war für die Bevölkerung der Umgebung schon immer von zentraler Bedeutung. Besonders deutlich wurde dies, als das Gebäude, leer stehend, verwüstet und halb verfallen, 1994 von der Familie Backmann-Neumann gekauft wurde. Unter tatkräftiger Mithilfe der Bevölkerung konnte das Gebäude saniert und modernisiert werden und 1995 als Hotel-Restaurant seinen Betrieb aufnehmen.

Das Haupthaus stammt aus dem 18. Jahrhundert und wurde anfangs von der Familie von Hertell bewohnt. Auch der dazugehörige Park entstand in dieser Zeit entsprechend der damaligen – englischen – Mode.

Im Laufe der Jahrhunderte wechselten die Eigentümer des Rittergutes immer wieder. Mancher Sohn, der den Besitz nicht achtete, vertrank und verspielte das Erbe der Väter. Bis heute erzählt man sich teils lustige, teils traurige Geschichten, die sich auf Bömitz zugetragen haben sollen.

1924 übernahm die Kreisverwaltung Greifswald den Besitz und richtete im Schloss ein Altersheim ein, das bis 1952 existierte. Wohl auch aus dieser Zeit stammt die besondere Verbundenheit der Bevölkerung mit dem Schloss. Sie wusste ihre Angehörigen in guter Obhut – das Altersheim galt unter der Leitung von Julius Bröckel als vorbildlich.

1995 wurde Bömitz als Hotel-Restaurant eröffnet. Nach dem frühen Tod des Besitzers führte dessen Frau den Betrieb alleine weiter und übergab

Jakobsmuschelbrot

Zutaten:
3 Jakobsmuscheln, 1 Avocado, 2 Tomaten, 1 Schalotte, etwas Knoblauch, Thymian, Butter, Weißbrot, Salz, Pfeffer, Limone, Olivenöl

Zubereitung:
Das Weißbrot der Länge nach mit der Brotmaschine 0,5 cm dünn und dann in 2 cm breite Streifen schneiden. Den Rand vorher entfernen. Tipp: Das Brot einfrieren, dann zerreißt es beim Schneiden nicht so leicht.

Für den „Aufstrich" die Avocado halbieren und schälen, den Kern aufheben. Die Avocado grob pürieren, mit Salz, Pfeffer, Knoblauch und der in Würfel geschnittenen Schalotte abschmecken und etwas Limonensaft dazugeben. Den Kern hineinlegen und kalt stellen. So ist es nun für maximal einen Tag haltbar, es wird sonst sehr schnell braun. Für die Tomatenfilets Wasser zum Kochen bringen und die Tomaten für wenige Sekunden darin kochen. Sie müssen direkt danach abgeschreckt werden. Dann zieht man die Haut ab,

ihn 2006 an Nicola und Lorenz Fiel. Das Rittergut ist ohne seine Glocken nicht zu denken, die 1937 von den Bömitzern und den Heimbewohnern gekauft wurden. Nach langer Pause werden sie heute wieder regelmäßig und zu wichtigen Anlässen geläutet.

viertelt sie und entfernt das innere Kerngehäuse. Die Filets auf ein wenig Backpapier legen, mit Salz, Pfeffer und Thymian würzen, mit Olivenöl beträufeln und bei 55–60 °C im Ofen langsam trocknen (circa 2–3 Stunden). Die Jakobsmuscheln waschen und den Muskel entfernen. Die Muscheln in gleich dicke Scheiben schneiden und eine Seite mit Mehl bestreuen. Dann in eine heiße Pfanne geben und salzen. Sobald die Muschel Farbe annimmt, wenden, die Hitze reduzieren und ein paar Butterflocken und Thymian dazugeben. Mit der schäumenden Butter übergießen. In der Zwischenzeit das Brot leicht rösten und mit der Avocadocreme bestreichen. Dazu die getrockneten Tomaten reichen. Die Jakobsmuscheln darauf anrichten.

Schnäpelfilet auf Rahmgurkensalat

Der Schnäpel ist ein Fisch, der in Mecklenburg-Vorpommern neu entdeckt worden ist. Vor der Küste Usedoms wird er gefangen. Der Schnäpel gehört zu den Salmoniden, das heißt zu den lachsartigen Fischen. Er hat ein helles und festes Fleisch. Man kann ihn hervorragend räuchern und braten. Es empfiehlt sich, grätenfreie Filets zu kaufen, da der Schnäpel über viele Gräten verfügt.

Zutaten für das Schnäpelfilet:

4 grätenfreie Schnäpelfilets, Mehl, Thymian, Butter

Zubereitung:

Den Fisch auf der Hautseite mit Mehl bestäuben und in eine heiße Pfanne legen. Nur salzen. Wenn die Haut eine angenehme Bräune hat und kross ist, wird der Fisch gewendet. Etwas Thymian und Butter hinzufügen und ruhen lassen.

Zutaten für den Rahmgurkensalat:

1 Salatgurke, 2–3 EL Crème fraîche, Limonensaft, Chilipulver, Salz, Pfeffer

Zubereitung:

Die Gurke schälen und halbieren. Das Kerngehäuse entfernen und die Gurke in gleichmäßige Scheiben schneiden. Leicht salzen, damit die Gurke Wasser zieht.

Das so sich absetzende Wasser abschütten. In einer zweiten Schüssel die Crème fraîche mit Salz, Pfeffer, etwas Limonensaft und wenig Chili abschmecken. Kräftig mit dem Schneebesen schlagen. Die Creme auf die Gurken geben und kalt stellen.

Vor dem Anrichten nochmals abschmecken.

Den warmen Fisch auf den Gurken anrichten.

Schokoladenkuchen und Kirschen

Zutaten für den Kuchen:
250 g Butter, 125 g Puderzucker, 5 Eier (getrennt), 315 g Mehl, 4 g Backpulver, 160 ml Rotwein (Dornfelder), 125 g Kuvertüre (dunkel), 125 g Zucker, etwas Puderzucker zum Bestäuben

Zubereitung:
Die Butter mit dem Puderzucker schaumig schlagen (dafür muss die Butter weich, aber nicht flüssig sein). Die Eigelbe unterrühren, Mehl und Backpulver mischen und unter die Buttermasse heben.
Die Kuvertüre schmelzen und zusammen mit dem Rotwein unter den Teig heben. Zum Schluss die Eiweiße steif schlagen und den Zucker einrieseln lassen.
Bei 180 °C ca. 20–30 Min. backen. Leicht auskühlen lassen und rund ausstechen. Mit Puderzucker bestäuben.

Zutaten für die Kirschen:
1 Flasche Kirschsaft, 1 Flasche Portwein, etwas Zucker, 1 Vanilleschote, 1 TL grüner Pfeffer, 1 EL Mondamin Speisestärke, ca. 1 kg Kirschen, etwas Amaretto

Zubereitung:
Die Kirschen entsteinen, dabei an einigen Kirschen die Stiele lassen.
In der Zwischenzeit den Portwein und den Kirschsaft mit etwas Zucker und einer ausgekratzten Vanilleschote zum Kochen bringen und auf die Hälfte reduzieren. Die Stärke mit etwas kaltem Wasser anrühren und die Reduktion damit ganz leicht anbinden. Nur so wenig, dass die Soße glänzt. Den Amaretto nach Geschmack beigeben. Die Kirschen jetzt in die Soße geben und nicht mehr erhitzen, da sie sonst an Farbe und Geschmack verlieren. Nun noch den grünen Pfeffer dazugeben.

Domäne Fürstenhof

Am Anfang war es nur eine Meierei, die Herzogin Auguste 1729 auf der Finkenthaler Gemarkung gründete. Diese Meierei war jedoch die Keimzelle eines Gutsdorfes, das am Anfang schlicht „Neuer Hof" hieß und später in „Fürstenhof" umbenannt wurde.

Die Verwaltung der 250 ha großen herzoglichen Domäne oblag lange Jahre der Nachbardomäne in Schlutow. Erst um 1883 wurden die Gutshäuser des Fürstenhofs gebaut – eine Domäne, die im Jahre 1885 ihre Unabhängigkeit erhielt. Bis 1945 wurde sie von wechseln-

den Pächtern bewirtschaftet. Schwerpunkte waren Ackerbau, Milchwirtschaft und Pferdezucht.

1945 musste die landwirtschaftliche Fläche der Domäne aufgeteilt werden. Sie wurde an einzelne Bauern vergeben, die sich später zu einer Landwirtschaftlichen Produktionsgenossenschaft zusammenschlossen.

Vier Familien bezogen nunmehr das Gutshaus und die Wirtschaftsgebäude, die zu diesem Zweck in Wohnhäuser umgebaut wurden. 1998 riss man diese inzwischen leer stehenden Gebäude ab. Das Gutshaus blieb erhalten, stand aber bis Anfang 2002 leer. Dann fanden sich Investoren, die den „Fürstenhof" behutsam nach ökologischen Gesichtspunkten und unter Wahrung der historischen Bausubstanz wieder herstellten. Seit 2003 ist das Gut erneut ein selbstständiger Landwirtschaftsbetrieb. Das Gutshaus Fürstenhof verbindet heute moderne Annehmlichkeit mit ursprünglicher Atmosphäre und ist ein Beispiel dafür, wie die Historie Mecklenburgs lebendig erhalten werden kann – ohne die Zukunft und Potenziale des Landes aus den Augen zu verlieren.

Stampfkartoffeln mit Speckstip und Spiegelei

Zutaten für die Stampfkartoffeln:
Kartoffeln (mehligkochend), Milch, Muskatnuss, Butter, Salz

Zubereitung:
Kartoffeln in Salzwasser kochen (ca. 20 Min.), Wasser abgießen. Milch kurz vor Ende der Kartoffelgarzeit erhitzen. Die Milch mit dem Kartoffelstampfer unter die Kartoffeln „stampfen". Stampfkartoffeln mit Muskatnuss und Salz abschmecken, mit Butter verfeinern.

Zutaten für Speckstip und Spiegelei:
Speck, Zwiebeln, Eier

Zubereitung:
Speck- und Zwiebelwürfel in der Pfanne goldbraun rösten.
Spiegeleier: Gewünschte Menge Eier im Speckfett braten, mit Salz und Pfeffer würzen. Dazu schmeckt ein „bunter" Salat.

Gut Gremmelin

Gremmelin, östlich von Güstrow gelegen, zählte einst zu einem größeren Komplex von Gütern, die seit dem 14. Jahrhundert der Adelsfamilie „von Oldenburg" gehörten. Dieses Geschlecht stammt vermutlich aus Oldenburg, ist aber schon im 13. Jahrhundert in Mecklenburg bezeugt. Bis ins 17. Jahrhundert blieb Gremmelin im Familienbesitz, wechselte dann aber mehrfach den Besitzer. 1803 übernahm die ritterschaftliche Familie von Pentz das Anwesen,

widmete sich dort der Pferdezucht, konnte aber nur bis 1945 – ein nicht nur für Mecklenburg verhängnisvolles Jahr – auf ihrem angestammten Besitz bleiben. Alle Güter in Mecklenburg wurden zu diesem Zeitpunkt enteignet und die Besitzer vertrieben. Das Gut Gremmelin zeigt sich uns als ein zweigeschossiges Gebäude mit einem abgewalmten

Dach – ein schlichtes Herrenhaus, dessen Vorgängerbau, das aus dem Jahr 1800 stammte, 1928 abbrannte, aber im alten Stil wieder aufgebaut werden konnte. 1995 erwarb Familie Schaffhausen das Haus und rekonstruierte es in dreijähriger, liebevoller Arbeit. Es entstand ein Hotel mit ausgesuchtem Design, fröhlichen Farben und einer behaglichen Atmosphäre. 31 Zimmer im Gutshaus, im Inspektorenhaus und im reetgedeckten Parkhäuschen warten heute auf die Gäste. Verwöhnt werden sie im Restaurant des Hotels, das mit einer gesunden Bioküche aufwartet, vor allem frische Produkte der Region verwendet und die Mahlzeiten zusammen mit den Gästen abstimmt.

Mit Steinpilzen gefüllte Maispoularde mit gratinierten Kartoffelhälften und Rotweinschalotten

Zutaten für die Maispoularde:

2 ganze Maispoularden (oder wahlweise vier Poulardenbrüste und zwei -keulen), 125 g Steinpilze, eine kleine Zwiebel, 125 ml Sahne, Salz und Pfeffer

Zubereitung:

Die Brüste und die Keulen von den Karkassen lösen (darauf achten, dass die Haut an den Brüsten verbleibt!). Das Fleisch von den Keulen lösen und von Blutgefäßen und Sehnen befreien. Die Zwiebel pellen und in feine kleine Würfel schneiden. Die Steinpilze putzen und ebenfalls klein würfeln. Die fein geschnittenen Zwiebelwürfel glasig in Öl anschwitzen und die Steinpilze für zwei Minuten dazugeben – beiseite stellen. Nun das Fleisch der Keulen mit etwas Sahne in einer Moulinette pürieren (Achtung: Durch Reibung kann sich das Fleisch erwärmen, deswegen ein oder zwei Eiswürfel hinzugeben). Die nun entstandene Poulardenfarce mit Salz und Pfeffer abschmecken und mit den Steinpilzen vermengen. Die Masse unter die Haut der Brüste geben. In heißem Fett nur auf der Fleischseite anbraten und bei 180 °C für 10 Minuten im Ofen backen.

Zutaten für die gratinierten Kartoffelhälften:

6 festkochende Kartoffeln, 1 gelbe Paprika, 1 Zucchini, 2 Karotten, Parmesan zum Gratinieren, Salz und Pfeffer, $^1/_2$ Bund Petersilie

Zubereitung:

Die Kartoffeln waschen, halbieren und aushöhlen (dabei einen Rand von 5 mm lassen). Maximal 15 Min. köcheln lassen. Das Gemüse putzen, in kleine Würfel schneiden, in heißem Öl kurz anschwitzen und mit Salz und Pfeffer würzen. Das Gemüse in einem Sieb abtropfen lassen und mit der gehackten Petersilie vermengen. Die ausgehöhlten Kartoffelhälften mit dem Gemüse füllen und mit frisch geriebenem Parmesan bestreuen. Im Ofen bei 165 °C 10 Minuten fertig garen.

Zutaten für die Rotweinschalotten:

250 g Schalotten, 2 EL Honig, frischer Thymian, 500 ml roter Kochwein, Salz und Pfeffer

Zubereitung:

Die Schalotten abziehen. Nach Belieben vierteln oder halbieren. Fett in einer Pfanne erhitzen, die Schalotten hineingeben, anbraten und wieder entnehmen. Honig und Thymian dazugeben. Alles leicht karamellisieren lassen. Den Rotwein portionsweise zugeben und einkochen lassen. Die Schalotten wieder in die Soße geben – ziehen lassen. Die Soße zum Schluss mit Salz und Pfeffer abschmecken.

Maränentatar mit Limetten

Zutaten:

*4–6 Maränenfilets (je nach Größe),
1 Schalotte, 4 kleine saure Gurken, 1 EL
Pfeffer (rote Beeren), 1 Bund Dill, Saft
von einer halben Limette, geriebene
Schale von einer Limette*

Zubereitung:

Maränenfilets in einem Sieb abtropfen
lassen und anschließend in feine kleine
Würfel schneiden. Die Schalotte pellen und zusammen mit den Gurken in
gleich große Würfel wie die Maränenfilets schneiden. Miteinander vermengen.
Die Limette zunächst heiß abwaschen und
danach die Schale abreiben. Limette auspressen und die Hälfte
des Saftes zu dem Tatar
geben (bei Bedarf auch
den restlichen Saft hinzugeben). Mit dem roten Pfeffer und Salz abschmecken.

Abschließend den gewaschenen und fein
geschnittenen Dill unterheben (andere Kräuter können je nach Geschmack hinzugefügt
werden).

Gutshaus Harkensee

Nur 1500 m von der Ostsee entfernt liegt das Herrenhaus Harkensee. 1830 wurde es im neoklassizistischen Stil errichtet. Das große Gutsareal mit seinen insgesamt 45 000 m² gehört zu den Sehenswürdigkeiten des Landstrichs und ist Mittelpunkt der kleinen Ortschaft Harkensee. Erster Besitzer war die Familie von Plessen, letzter Eigentümer die Familie Kesten. Sie musste 1945 das enteignete Gut verlassen. Das Herrenhaus diente anschließend als Sitz des Rates

der Gemeinde und beherbergte auch eine Arztpraxis. 2002 wurde es an private Investoren verkauft.

Jetzt kehrte wieder Leben nach Harkensee zurück, denn man begann unverzüglich damit, das Gutshaus und die umliegenden Gebäude zu restaurieren und zu Ferienwohnungen und Appartements umzubauen. Die Parkanlage mit ihrem alten Baumbestand wurde ebenfalls auf liebevolle Weise in ihren alten Zustand versetzt.

Noch ist kein Ende der Sanierung der gesamten Gutsanlage in Sicht. Die Eigentümer sprechen ganz bewusst vom „Projekt Harkensee". Vier weitere denkmalgeschützte Gebäude werden seit 2008 saniert. Sie sollen Teil einer attraktiven Freizeit- und Ferienanlage werden, die auf dem Areal des Gutes entsteht.

Bereits saniert ist die überwiegend aus Holz bestehende Strohscheune, die als die einzige noch existierende in Mecklenburg-Vorpommern gilt. Hier können größere Feste, Ausstellungen und Konzerte veranstaltet werden. Harkensee ist ein Ferienparadies – ein Refugium, in der die Zeit still zu stehen scheint und wo sich der Gast in längst vergangene Epochen zurückträumen kann.

Mecklenburger Punsch

Zutaten:
1 Liter sehr starker schwarzer Tee, 4 Flaschen Burgunder, 1 Flasche Portwein, 1 Flasche Kognak, 1 Flasche Madeira, 1 kg Zucker, Schale von 2 Zitronen (gerieben)

Zubereitung:
Alles zusammen heiß werden lassen, aber nicht kochen!

Zutaten:

60 g Mandeln, 25 g Zucker, 125 g Zucker, 1 l süße Sahne, 1 Pck. Vanillezucker, 5 Blatt Gelatine, 100 ml Wasser

Zubereitung:

45–60 g süße Mandeln röstet man im Ofen, worauf man sie noch warm von ihrer Schale befreit, am besten durch Abreiben mit einem rauen Tuch. Dann gibt man sie in ein flaches Pfännchen, überstreut sie mit etwas Zucker und röstet sie noch einen kleinen Augenblick im Ofen. In einem trockenen, warmen Raum stehen lassen.

1 l süße Sahne schlagen, 125 g Zucker, 1 Päckchen Vanillezucker und die Mandeln dazugeben.

5 Blatt Gelatine werden in kaltem Wasser eingeweicht, hernach gut ausgedrückt und mit schwach 100 ml Wasser unter Rühren über Feuer aufgelöst und unter die Masse gerührt. In eine mit Mandelöl ausgestrichene Form geschüttet, wird die Blancmanger, wenn sie steif ist, umgestürzt.

Jagdschloss Kotelow

Auf eine lange Historie kann das Jagdschloss Kotelow zurückblicken. Die erste Erwähnung findet das Anwesen 1672, als es von einem gewissen Henning von Oertzen erworben wurde. Das erste, in einem weitläufigen Park er-

richtete Gutshaus wurde durch einen verheerenden Brand vernichtet. 1733 entstand an seiner Stelle das Gebäude, wie wir es heute kennen: im barocken Stil, eingeschossig mit Sockelgeschoss und Mansardendach.

Kotelow war das Zentrum der politisch und philosophisch Interessierten aus der Umgebung. Berühmt waren die geselligen Abende im Schloss. Man nahm sich Zeit, über das, was in der Welt geschah, nachzudenken und zu diskutieren.

Bunter Wildkräutersalat der Saison mit Kotelower Dressing

Zutaten für das Dressing:
Saft von 5 Limetten, 50 ml Olivenöl, 50 ml Pflanzenöl, 75 ml Geflügelfond, 2–3 EL Mandelöl, nach Belieben 1–2 EL Sauerrahm, etwas Zucker, etwas Salz

Zutaten für den Salat:
Brunnenkresse, Gänseblümchen, Bärlauch (Blüten und Blätter), Giersch (Blüten und sehr junge Blätter), Frauenmantel, Sauerampfer, Gundelrebenblätter, Wiesenknopfblätter, Märzveilchen, Vogelmiere, Blüten der wilden Möhre (Menge je nach Belieben und Angebot der Saison)

Auch heute legt man im Jagdschloss Kotelow viel Wert auf Harmonie von Körper, Seele und Geist. Die Gäste sollten sich Zeit nehmen und den Alltag vergessen – wozu unbedingt auch eine feine Küche gehört, die nicht nur frischen Zander, Wildkräutersalate und Mecklenburger Kartoffelklößchen auf der Karte hat.

Kotelower Wildgulasch mit Preiselbirnen und Mecklenburger Kartoffelklößchen

Zutaten für das Wildgulasch:
ca. 1 kg Reh- oder Wildschweinschulter (oder ausgelöste Nackenstücke), 80 g Fett, ca. 0,5 l Rotwein, 1 Glas Wildfond, 1 große Zwiebel, Wildgewürz, Salz, Pfeffer nach Geschmack

Zubereitung:
Fleisch in Würfel schneiden und mit Wildgewürz vermengen. Fett erhitzen und die Zwiebel in Streifen geschnitten goldgelb anbraten. Fleisch dazugeben und gut anbraten, mit dem Wildfond ablöschen und einkochen lassen, dann den Rotwein und nach Geschmack noch etwas Wildgewürz und Salz und Pfeffer dazugeben. Ca. 2 Std. schmoren, bis das Fleisch zart ist.

Zutaten für die Klöße:
1 kg gekochte Kartoffeln vom Vortag, 75 g Weizenmehl, 75 g Grieß, 1 Prise Salz, geriebene Muskatnuss, 1 Ei

Zubereitung:

Kartoffeln quetschen und mit den Zutaten zu einem glatten Teig verkneten. Mit bemehlten Händen kleine Klöße formen und in einen großen Topf mit kochendem Salzwasser geben. Ca. 20 Min. gar ziehen lassen.

Preiselbirnen:

2 Birnen schälen, entkernen, halbieren und in Wasser, 1 TL Zucker, $^1/_4$ l Weißwein bissfest ziehen lassen. Abtropfen und mit Preiselbeergelee füllen.

Frischer Zander aus dem Galenbecker See, gedünstet in Zitronenkräutern, Sauce Hollandaise und Dampfkartoffeln

Zutaten:

1 mittelgroßer Zander, 4 Zitronen, frischer Knoblauch, Dill, Petersilie, Schnittlauch, Thymian, Butter

Zubereitung:

Den Zander putzen, säubern, salzen. Kräuter klein schneiden, Zitronen und Knoblauch in Scheiben schneiden. Die Hälfte auf Alufolie ausbreiten. Den ganzen Fisch darauflegen. Dann den Rest Kräuter-Zitronenmischung darüber geben. Die Alufolie nun als Päckchen über Fisch und Kräutern schließen.

Im vorgeheizten Ofen bei 200 °C ca. 20–30 Min. garen lassen.

Mit Sauce Hollandaise und Dampfkartoffeln anrichten.

Gutshaus Kubbelkow

Erstmals wurde das Haus im 14. Jahrhundert urkundlich erwähnt, als es die Brüder von Poretz (auch Preetz genannt) in Besitz nahmen.

1434 übernahm Familie von Barnekow das Gut, die es bis Ende des Zweiten Weltkriegs, also mehr als 500 Jahre lang bewirtschaftete.

Nachdem die Witwe des letzten Barnekow mit ihren beiden Kindern sich auf die Flucht Richtung Westen gemacht hatte, wurde das Haus in der Folgezeit nicht nur von durchziehender Soldateska, sondern auch von nachfolgenden Flüchtenden geplündert. Selbst die Familiengräber im Park wurden nicht verschont und auf der Suche nach Kostbarkeiten geöffnet und durchwühlt. Teilweise ausgebrannt, verwüstet und leer geräumt wurde das Gutshaus nun als Getreide- und Materialspeicher genutzt. Noch während des Krieges und danach wurden Flüchtlingsfamilien aus den Ostgebieten dort untergebracht.

Da sich niemand für das Gebäude zuständig fühlte, verfiel es zusehends.

1985 geschieht das Unerwartete: Der Vorsitzende der LPG Pflanzenproduktion Samtens bekundet sein Interesse an dem Haus und schafft es, seine Genossen davon zu überzeugen, hier ein hochwertiges Betriebsferienheim einzuquartieren.

Nun werden Haus und Park saniert, sodass ab 1989 das Anwesen in neuem Glanz erstrahlt.

Mit der Wende geht Gut Kubbelkow in den Besitz der Bundesrepublik Deutschland über. Im Haus wird eine Pension mit kleinem Restaurant betrieben, selbst für die Fernsehreihe „Ein Bayer auf Rügen" dient das schmucke Gutshaus als dekorative Kulisse.

Doch dann wird die Pension geschlossen und das Haus verkommt erneut.

Es folgt ein Leerstand von zweieinhalb Jahren, bis alle Formalitäten geklärt sind.

Zum wiederholten Male ist das Haus Verfall und Vandalismus ausgesetzt.

Im Sommer 2001 wird das Landhaus Kubbelkow zum Verkauf ausgeschrieben.

Im November 2001 setzt sich die Familie Diembeck gegen 60 Mitbewerber aus dem gesamten Bundesgebiet durch.

Sofort werden Sicherungsmaßnahmen vorgenommen, um den weiteren Verfall des Hauses zu stoppen.

Ab Februar 2002 beginnt die Restaurierung des Hauses und schon im Oktober 2002 kann das Restaurant im Gutshaus eröffnet werden.

Das erklärte Ziel der neuen Besitzer ist es, an die 700-jährige Geschichte auf Kubbelkow anzuknüpfen und die familiären Traditionen in der Führung des Hauses aufrechtzuerhalten.

Salat von wilden Kräutern in Sherry-Honig-Vinaigrette mit glasierter Lammleber und Sanddorn-Apfel-Chutney

Zutaten für die Vinaigrette:

je 1 EL Honig, Sherryessig, Sherry, Kürbiskernöl, etwas Salz, Pfeffer, Koriander, eventuell Kalbsfond

Zubereitung:

Alles zusammen kurz aufmixen.

Zutaten für den Wildkräutersalat:

Frisch gesammelte Wildkräuter und Gartensalate der Saison, z. B.: Giersch, Vogelmiere, Knoblauchsrauke, Sauerampfer, Melde, Franzosenkraut, Blüten …

Zubereitung:

Wildkräuter (gut waschen), nur feine, junge Triebe verwenden. Nach Geschmack zusammenstellen.

Zutaten für die Lammleber:

300 g Lammleber, etwas Mehl, Salz, Pfeffer, Olivenöl, 1 Thymianzweig, 1 EL Lammjus, 5 cl Portwein (rot)

Zubereitung:

Leber waschen und in 1 cm breite Streifen schneiden. Salzen, pfeffern und leicht in Mehl wenden. In Olivenöl mit Thymian anbraten. Mit Jus und Port ablöschen und leicht reduzieren.

Zutaten für das Chutney:

1 Apfel, etwas Chili, Ingwer, Salz, 1 EL Zucker, 1 EL Sanddornmark

Zubereitung:

Apfel schälen und in feine Würfel schneiden.
Zucker leicht karamellisieren und den Apfel dazugeben. Mit Chili, Salz und Ingwer würzen und mit Sanddornmark auf die gewünschte Konsistenz einköcheln.

Aufgeschlagenes Süppchen von der Vogelmiere mit gebackener Maispoularde

Zutaten für das Vogelmieresüppchen:

200 g Kartoffeln, 200 ml Sahne, 100 ml Geflügelfond, 100 g Vogelmiere, etwas Balsamico, Salz, Pfeffer, Muskat, 1 Stk. Maispoulardenbrust, etwas Thymian, Knoblauch, Rosmarin, Olivenöl

Zubereitung:

Die geschälten Kartoffeln mit der Sahne und dem Fond zerkochen und mit der Vogelmiere pürieren. Ggf. noch etwas Sahne zugeben und abschmecken. Die Suppe passieren und schaumig aufschlagen. Die Poulardenbrust würzen, anbraten und mit den Kräutern im Ofen etwa 8 Min. backen.

Kartzitzer Rehrücken mit Kubbelkower Walnüssen überkrustet auf getrüffeltem Selleriepüree und karamellisiertem Kraut

Zutaten für die Kräuterkruste:
50 g Butter, 3 EL geriebenes Brot, 3 EL geriebene Walnüsse, etwas Walnussöl, Salz, Pfeffer, Kräuter

Zubereitung:
Alle Zutaten zusammenkneten und eine etwa 4 mm dicke Kruste ausrollen. Das angebratene Fleisch damit belegen und unter dem Grill fertig garen.

Zutaten für den Rehrücken:
800 g Rehrückenfilet, etwas Salz, Pfeffer, Koriander, etwas Butterschmalz

Zubereitung:
Das Rehrückenfilet von den Sehnen und Häutchen befreien und leicht würzen.
Von allen Seiten gut anbraten und die ausgerollte Kruste auflegen. Ca. 12 Min. bei 200 °C backen.

Zutaten für das Karamellkraut:
300 g Sauerkraut (mild), 50 g Zucker, 1 EL

Balsamico (weiß), etwas Lorbeer, Pfeffer, Salz, Wacholder

Zubereitung:
Den Zucker hellbraun karamellisieren. Das abgetropfte Kraut sowie den Balsamico und die Gewürze zugeben und etwas schmoren.

Zutaten für das Selleriepüree:
100 g Kartoffeln (mehligkochend), 200 g Sellerie in Würfeln, 300 ml Milch, etwas Salz, Pfeffer, Muskat, gehackter Trüffel, Olivenöl

Zubereitung:
Kartoffeln und Sellerie mit der Milch, dem Öl und dem Salz im geschlossenen Topf zerkochen. Alles durch ein Sieb streichen und abschmecken. Zum Schluss die Trüffel zugeben. Ggf. die Masse bei geöffnetem Topf auf die gewünschte Konsistenz einkochen.

Gelierter Champagner mit Sauerkleesorbet

Zutaten für das Champagnergelee:
*500 ml Champagner, 100 ml Jasmin-
blüten-Läuterzucker, 4–6 Duftrosenblät-
ter, 6 Blatt Gelatine*

Zubereitung:
Gelatine einweichen und im leicht erwärmten Läuterzucker auflösen. Die
Rosenblätter sehr fein schneiden (nicht
hacken!), mit dem Champagner vermischen und kalt stellen.
Nach dem Erkalten mit dem Schneebesen leicht aufschlagen.

Zutaten für das Sorbet:
*100 g Sauerkleeblätter (frisch), 200 g Jo-
ghurt (natur), 100 ml Robinienblüten-
Läuterzucker, 1 Limette*

Zubereitung:
Zutaten fein aufmixen und passieren. In
der Eismaschine gefrieren oder auf einem Blech im Froster wie ein Granité
frieren.

Landsitz Luckwitz

Die Geschichte des Gutshauses Luckwitz reicht tief in die Vergangenheit. Schon 1231 wurde es zusammen mit dem gleichnamigen Ort schriftlich erwähnt.

Die Besitzer und ihre Familien wechselten im Laufe der Jahre, bis Luckwitz zu Anfang des 20. Jahrhunderts an den Grafen Bernstorff ging. Sein Plan, das Gut an seine Tochter zu vererben, scheiterte jedoch, weil die Ehe der Baronin schon nach kurzer Zeit geschieden wurde. Weil sie allein das Gut nicht bewirtschaften konnte, wurde es in kleine Parzellen aufgeteilt und verkauft.

In den 20er-Jahren diente das alte Gutshaus einem Hamburger Kaufmann als Jagdsitz. 1939 ließ er es abreißen und das neue Gebäude so errichten, wie wir es heute kennen.

Auch Luckwitz war bei Kriegsende Zufluchtsort vieler Flüchtlinge aus dem Osten. Mit der Gründung der DDR wurde die Landwirtschaft in Luckwitz zu einer LPG zusammengefasst. Das Gutshaus selbst diente als Heim für behinderte Kinder.

Das blieb so bis 2003. Dann entschloss sich der Landkreis, das Anwesen zu verkaufen. Familie Gersdorff, die das Gutshaus erwarb, renovierte es von Grund auf und richtete darin gemütliche Ferienwohnungen ein. Das Haus, aber auch das Restaurant – das sich im Sommer in den alten, mit ausladenden Bäumen bestandenen Garten erstreckt und mit einer der Region verbundenen Küche aufwartet –, nannten sie „Mein Landsitz Luckwitz".

Hausgebeizter Lachs mit sahnigem Schaum vom wild gewachsenen Meerrettich und Mecklenburger Frühlingstüften

Zutaten Beize:

Frischer Dill, Mecklenburger Rapshonig, 1 Schalotte, weiße Pfefferkörner, Sternanis, Zitrone

Beize vorbereiten:

Zitrone auspressen, zwei gut gehäufte Teelöffel Honig zum Zitronensaft hinzugeben und durch kräftiges Umrühren im Saft auflösen.

Schalotte und ein wenig Dill fein hacken und zur Beize hinzugeben.

Pfefferkörner und Sternanis im Mörser grob zerkleinern, ebenfalls der Beize beigeben.

Zutaten für den Lachs:

Ein halbes Lachsfilet mit Haut, 2 Bund frischer Dill, grobes Meersalz

Zubereitung:

Das Herzstück des Lachsfilets herausschneiden. Den Rest beiseite legen, nicht wegwerfen!

Auf Frischhaltefolie großzügig Meersalz und Dill sowie ein wenig Beize so verteilen, dass das Lachsfilet gut auf Kräutern, Gewürzen und Beize gebettet ist.

Anschließend die Oberseite des Filets auf gleiche Weise eindecken, sodass das Filet rundum mit Beize, Kräutern und Gewürzen eingedeckt ist.

Anschließend das Filet in mehrere Lagen Haushaltsfolie luft- und flüssigkeitsdicht einwickeln. Das entstandene Päckchen dann in eine passende Schale geben, mit einem Brett und etwas Gewicht beschweren und in den Kühl-

schrank stellen. Nun muss der Lachs drei Tage ruhen, wobei Sie ihn einmal am Tag wenden sollten.

Und so sieht es aus, wenn der Lachs fertig gebeizt ist … Der Lachs wird dann in hauchdünne Scheiben von vorne nach hinten aufgeschnitten und anschließend auf einem Teller angerichtet.

Zutaten Meerrettichschaum:

Schlagsahne, saure Sahne, frischer Meerrettich, je eine Prise Kochsalz, Zucker und Pfeffer

Zubereitung:

Den frischen Meerrettich schälen und fein raspeln. Zur Schlagsahne in eine Rührschüssel geben und mit Zucker, Salz und Pfeffer abschmecken. Dann anschließend mit dem Schneebesen des Handrührgeräts zu einem nicht allzu festen Schaum aufschlagen. Den Schaum anschließend zur sauren Sahne in einen Topf geben und unter mäßiger Hitze mit dem Schneebesen zu einem lockeren Schaumsößchen verarbeiten.

Zutaten Gurkensalat:

2 Bund frischer Dill, 1 Salatgurke, Öl, Kochsalz, rote Pfefferbeeren, Zucker, Pfeffer, Zitrone

Zubereitung:

Gurke schälen und in dünne Scheiben schneiden. Dill fein

Resteessen: Lachstatar als Belohnung für die Mühe

Zutaten:
Die Reste vom Lachsfilet, 1 Avocado, 1 Ei, Kirschtomaten, 1 Schalotte, Dill, rote Pfefferbeeren, Zitronensaft, Pfeffer, Honig und Salz

hacken, rote Pfefferbeeren in einem Mörser zerstoßen und mit Zitrone, Öl, Pfeffer, Zucker und Salz zur Soße mischen, dann in einer Schüssel mit den Gurkenscheiben vermischen. Etwas ziehen lassen, dann umrühren, fertig.

Zubereitung Frühlingstüften:
Frühkartoffeln in kaltem Wasser mit einem Kratzschwamm abreiben und kochen. Heiß servieren.

Guten Appetit.

Da man nun schon viel Arbeit hatte und beim Kochen Appetit auf den gebeizten Lachs bekommen hat, kann man sich mit den Lachsresten ein kleines Lachstatar zur Belohnung zubereiten.

Zubereitung:
Das Lachsfleisch von der Haut ablösen und in kleine Würfel schneiden. Die Avocado ebenfalls in kleine Würfel schneiden und mit den Lachswürfeln in einer Schüssel vermengen.

Die Kirschtomaten klein schneiden, die Schalotte und den Dill fein hacken, die roten Pfefferbeeren zerstoßen und mit dem Zitronensaft, Honig, Pfeffer und Salz zu einer Marinade verrühren. Das Ei hart kochen.

Anschließend die Marinade über Lachs und Avocado gießen und vermengen. Dann das Lachstatar mit dem gekochten Ei und Toast auf einem Teller anrichten.

Gutshaus Ludorf

Am Westufer der Müritz steht auf einer Halbinsel eines der ältesten Herrenhäuser Mecklenburgs – erbaut im 17. Jahrhundert im Stil der dänischen Klinkerrenaissance. Nicht nur das äußere Erscheinungsbild, auch das Innere des Herrenhauses Ludorf mit seinen prächtigen Deckengemälden aus der Erbauerzeit blieb weitgehend erhalten.

Ludorf erlebte nicht nur glückliche Zeiten. Im Dreißigjährigen Krieg musste der damalige Besitzer, Henneke von Morin, in seiner Not sogar die Glocken der Kirche verkaufen. Es half jedoch alles nichts – der Stammsitz wurde aufgegeben.

Adam Levin von Knuth, ein dänischer Kammerjunker, ließ 1698 das neue Herrenhaus bauen, bei dem auch die Steine der alten Burgmauer Verwendung fanden.

Im 19. Jahrhundert wurde das Gut neu gestaltet und es entstanden die heute noch erhaltenen Gebäude des Gutsensembles. Aus dieser Zeit datiert auch der hinter dem Gutshaus gelegene Park im damals hochmodernen englischen Stil.

Nach 1945 wurde Ludorf enteignet, das Land und das verbliebene Vieh unter den Neubauern aufgeteilt und die vorhandene Technik gemeinschaftlich genutzt. Am Ende dieser Entwicklung stand auch hier die Gründung einer LPG.

Nach der Wende wagten die Mitglieder der Genossenschaft einen Neuanfang, um die Agrartradition fortzusetzen. Zusammen mit einer Reihe von Handwerksbetrieben und touristischen Anbietern bilden sie heute das wirtschaftliche Rückgrat der Gemeinde.

Das Herrenhaus Ludorf wurde mit aller Liebe zum Detail zum Schlosshotel Gutshaus Ludorf ausgebaut, wobei die äußere Gestalt unangetastet blieb und auch die prächtigen Deckengemälde im Inneren in neuem Glanz erstrahlen. 23 Zimmer stehen den Hotelgästen zur Verfügung, darunter das beliebte „Hochzeitszimmer".

Die Küche des Hotels fühlt sich der Region verpflichtet und verfolgt den „Slow Food"-Gedanken. Was im Restaurant „Morizaner" frisch auf den Tisch kommt, stammt zum großen Teil aus der Umgebung.

Bärlauchsuppe mit Kartoffeln

Zutaten:
350 g Kartoffeln, 1 Zwiebel, 60 g Butter, 800 ml Brühe, 1 Bund Bärlauch (ca. 20 g), 120 ml Sahne, 1 Prise Muskatnuss, Salz

Zubereitung:
Die Kartoffeln und Zwiebel schälen und würfeln. In der heißen Butter anschwitzen. Mit der Brühe auffüllen und 15 Min. kochen. Den Bärlauch waschen und fein hacken. In die Suppe geben und mit Sahne übergießen. Noch einmal kurz ziehen lassen. Danach die Suppe pürieren oder fein stampfen. Mit einer Prise Muskat und Salz abschmecken.

Mecklenburger Kloppschinken mit mariniertem Kopfsalat

Zutaten für den Kloppschinken:

400 g Schinken, 1 l Milch, 100 g Mehl, 2 Eier, 100 ml Öl, 1 Kopfsalat

Zutaten für die Salatmarinade:

50 g Schinken, 1 kleine Zwiebel, 20 ml Rapsöl, 200 ml Brühe, 50 ml Weißweinessig, 1 Prise Zucker, Salz

Zubereitung:

Die 400 g Schinken in 0,5 mm dünne Scheiben schneiden und 24 Stunden lang in 1 l Milch einlegen. Anschließend den Schinken plattieren, im Mehl wälzen und durch zwei aufgeschlagene Eier ziehen.

Das Öl in der Pfanne erhitzen und den Schinken darin von beiden Seiten braten.

Den Kopfsalat putzen, waschen und gut abtropfen lassen.

Für die Marinade die 50 g Schinken und die kleine Zwiebel würfeln. Das Rapsöl in der Pfanne erhitzen und die Würfel darin anbraten. Mit der Brühe ablöschen, mit dem Weinessig, einer Prise Zucker und Salz abschmecken. Die Marinade über den Salat geben und sofort servieren.

Linsensalat mit pommerscher Spickbrust

Zutaten:

100 g gelbe Linsen, 100 g haushaltsübliche Linsen, 10 g Belugalinsen, 1 Zucchini, 1 Karotte, 1 Prise Salz, 50 g Zucker, 50 ml Essig, 50 ml Öl, Spickbrust, Wildkräuter, Gänseblümchen

Zubereitung:

Die gelben Linsen 8 Min., die haushaltsüblichen Linsen 15 Min. und die Belugalinsen 12 Min. kochen und abschrecken. Die Zucchini und die Karotte sehr fein raspeln und unter die Linsen heben. Mit Salz, Zucker, Essig und Öl abschmecken. Die Spickbrust einfrieren. Anschließend hauchdünn aufschneiden und auf den Salat legen. Den Linsensalat mit Wildkräutern und Gänseblümchen dekorieren.

Gekochter Müritzhecht in feiner Kräutersoße

Zutaten:

1 kleiner Hecht (küchenfertig, ca. 5 kg), 1 Zwiebel, 2 Karotten, $^1/_8$ Sellerie, 8–12 Petersilienwurzeln, 2 l Fischfond, 300 ml Weißwein, Mehlbutter, 1 Bund Petersilie, 100 ml Sahne, Salz, Pfeffer

Zubereitung:

Den Fisch waschen und zur Seite legen. Zwiebel, Karotten und Sellerie waschen, putzen und klein schneiden, Petersilienwurzeln waschen und fein hacken.

In einem großen Topf 2 l Fischfond mit dem Wein erhitzen, Gemüse dazugeben, aufkochen, den Hecht 15–20 Min. ganz langsam mitköcheln lassen.

Für die Kräutersoße 600 ml Fischfond mit einigen Petersilienwurzeln aus dem Topf entnehmen und aufkochen, mit der Mehlbutter binden, 10 Min. kochen und dann pürieren.

Petersilie waschen, abschütteln und fein hacken. Unter die Sahne mischen, mit Salz und Pfeffer abschmecken.

Gefüllter Gänsebraten

Zutaten:
1 Pommersche Gans, Salz

Zutaten für die Füllung:
3 Äpfel (Boskop), 1 Zwiebel, 4 Stängel Majoran, 60 g Semmelmehl, 60 g Zucker, 50 g Rosinen, 200 g Backpflaumen, 1 Prise Salz, 1 Karotte, 2 Zwiebeln, $^1/_8$ Sellerie, 1 TL Tomatenmark, 1 Glas Rotwein, 500 ml brauner Grundfond, Salz, Pfeffer, Orangensaft

Zubereitung:
Die Gans innen und außen gut waschen, trocken tupfen und mit Salz bestreuen.

Für die Füllung die Äpfel schälen, entkernen und würfeln. Die Zwiebel schälen und in Würfel schneiden. Apfel- und Zwiebelwürfel mit dem abgezupften Majoran, dem Semmelmehl, dem Trockenobst, Zucker und Salz vermengen und damit die Gans füllen. Die Öffnung gut verschließen (z. B. mit einer Rouladennadel).

Die Gans in eine mit etwas Wasser gefüllte Schmorpfanne legen und im auf 220 °C vorgeheizten Ofen 1 gute Stunde anbraten (Brust nach oben).

Während der Garzeit die Karotte, den Sellerie und die Zwiebeln schälen, klein schneiden und mit in den Bräter

geben. Das Gemüse mit dem Tomatenmark überziehen und mit einem Glas Rotwein ablöschen.

Das Fett gelegentlich abschöpfen, die Gans wenden und von der anderen Seite anbraten, den Braten mehrfach mit dem Bratenfond übergießen.

Mit braunem Grundfond aufgießen und die Soße nach Fertigstellung des Bratens etwas reduzieren. Mit Salz, Pfeffer und einem Schuss Orangensaft abschmecken.

Die Garzeit für den Braten beträgt etwa 3 bis 4 Stunden, je nach Qualität und Größe.

Dazu werden traditionell Rotkohl und Klöße serviert.

Gefüllte Bratäpfel

Zutaten:

4 Äpfel (Boskop), 200 g feines Marzipan, 50 g Rosinen, 1 TL Rosenwasser, 1 TL gehackte Korianderblätter, 4 Spitzen Zitronenmelisse, 20 geröstete Walnusskerne

Zubereitung:

Das Kerngehäuse aus den Äpfeln entfernen. Die Rosinen und das Rosenwasser mit dem Marzipan vermengen, damit die Äpfel füllen. Auf ein mit Backpapier belegtes Backblech legen und im auf 180 °C vorgeheizten Backofen 20–30 Min. garen. Mit den Korianderblättern, der Zitronenmelisse und den Walnusskernen dekorieren und warm servieren.

Schloss Marihn

Ein Märchenschloss auf der Mecklenburger Seenplatte, eingeschlossen vom „Garten der Genüsse", dem weithin bekannten „Garten von Marihn", das ist Schloss Marihn, benannt nach seinem ehemaligen Besitzer, Ritter Marin.

Die erste urkundliche Erwähnung findet das Dorf Marihn im Jahr 1304. Das Gutshaus wurde erst Ende des 19. Jahrhunderts als verputzter Backsteinbau errichtet und befand sich im Besitz der Familien Marin und von Holstein.

Nach 1945 diente das Gutshaus verschiedenen Zwecken, so auch als Dorfladen, Poststelle und Wohnhaus. Erhalten blieben das Parkett, die Fliesen, die

Deckentäfelung und Reste der Stuck-decke.

Das Gebäude wurde in den vergange-nen Jahren aufwändig saniert und nun können für Urlaubsaufenthalte gemütliche Zimmer und Suiten ge-bucht werden.

Wie in alten Zeiten nähert sich der Gast durch eine Allee hoch gewachsener Kas-tanienbäume, deren Ende den ersten eindrucksvollen Blick auf das Schloss freigibt.

Das liebevoll sanierte Herrenhaus aus dem 19. Jahrhundert bildet den Mittel-punkt des historischen Gutsensembles und wird umrahmt von weitläufigen Parkanlagen. Das Anwesen besteht auch heute noch aus Herren- und Wirt-schaftshaus, Speicher und Kutscher-haus. Schlossherr Forytta ließ 2007 Schloss und Speicher sanieren.

In der neu erwachten Gutsstruktur bil-den der Garten, die Genuss-Garten-Akademie und der Genuss-Schulgarten das Herzstück der Anlage. In der über 30 ha großen Gartenanlage sind seltene, heute in Vergessenheit geratene, aber erhaltenswerte Nutzpflanzen, Lebens-mittel und Nutztiere zu bewundern.

Für die BUGA 2009 ließ der berühmte englische Rosenzüchter David Austin in Marihn mit 80 Originalzüchtungen den größten Rosengarten Deutschlands entstehen. Außerdem wurde 2008 ein Weinberg angelegt.

Zwei Kreationen aus Garten und Küche stellen wir hier vor:

Fenchelsuppe

Zutaten:

500 g mehligkochende Kartoffeln, 4 Fenchelknollen (ca. 1 kg), 2 Zwiebeln, 1 l Gemüsebrühe, 50 g Butter, 1 TL Fenchelsamen, 1 Becher Crème fraîche (200 g), Salz, frisch gemahlener Pfeffer, 1 unbehandelte Zitrone

Zubereitung:

Kartoffeln schälen und grob würfeln. Fenchel vierteln, das Grün abschneiden und aufheben.

Den festen Fenchelstrunk herausschneiden. Zwiebeln klein schneiden

und im heißen Fett glasig dünsten. Kartoffeln, Fenchel und Fenchelsamen dazugeben und kurz mitdünsten. Gemüsebrühe dazugeben und alles 15–20 Min. kochen. Mit dem Handrührgerät pürieren.

Crème fraîche unter die Suppe rühren und mit Salz, Pfeffer und abgeriebener Zitronenschale abschmecken. Ein wenig Pastis unterstreicht den herrlichen Fenchelgeschmack. Zum Servieren Fenchelgrün grob hacken und über die Suppe streuen. Natürlich kann dies auch noch verfeinert werden. Ist die Suppe im Suppenteller, wird ein Teelöffel Crème fraîche vorsichtig auf die Suppe gegeben und mit etwas Müritzkaviar dekoriert. Nicht nur ein Genuss für den Gaumen, sondern auch für das Auge.

Mangold-Quiche

Zutaten für den Mürbeteig:
*250 g Mehl, 125 g Butter, 1 kleines Ei,
2 Messerspitzen Salz, 1–2 EL Wasser*

Zutaten für die Quiche-Füllung:
*1 kg Mangold, 2 Knoblauchzehen, Öl/
Butter zum Anbraten, 6 Eier, 1 Becher
200 g Crème fraîche oder saure Sahne,
1 Becher (200 g) süße Sahne, Salz, Pfeffer,
Muskat*

Zubereitung:
Vom Mangold die Stiele entfernen und
die Blätter in ca. 2 cm dicke Streifen
schneiden. Waschen, abtropfen lassen
oder mit Hilfe einer Salatschleuder
trocknen;
Knoblauchzehen klein schneiden und
im erhitzten Öl andünsten, nicht braun
werden lassen.
Mangold zugeben und so lange rühren,
bis das Gemüse zusammengefallen ist.
Mit Pfeffer und ein wenig Salz würzen.
Eier schaumig schlagen und die Crème
fraîche und Sahne (flüssig) runterhe-
ben. Mit Pfeffer und Muskat würzen.
Den Mürbeteig für eine Quicheform (28

cm) ausrollen und in die gefettete Form
geben.
Der Teig kann blind gebacken werden,
muss aber nicht. Auf den Teig das Ge-

müse verteilen und darüber die Ei-
masse geben. Nach Belieben kann
darüber noch etwas Käse (ganz lecker
mit Ziegenfrischkäse) gestreut werden.
Die Quiche wird bei 180 °C Umluft
ca. 35–40 Min. gebacken.

Sehr schön passt dazu ein Mecklenburger Wildschweinschinken.
Falls wenig Zeit ist, kann anstatt des
Mürbeteigs auch ausnahmsweise Blät-
terteig aus dem Kühlregal verwendet
werden.

Gutshaus Rensow

Im 9. Jahrhundert errichteten die Wenden eine mächtige Befestigungsanlage, die sie mit einem Wallgraben versahen, der im Süden und Westen Schutz vor Angreifern bot. Erst 1970 wurde der Graben zugeschüttet. Dort, wo einst die Befestigungsanlage stand, breitet sich heute der im frühen Barockstil gehaltene Flügelbau von Gut Rensow aus, den Friedrich von Lowtzow im Jahre 1690 auf den mittelalterlichen Gewölbekellern der Festung erbauen ließ.

Bemerkenswert ist, dass das Gutshaus ursprünglich als Fachwerkbau errichtet wurde. Erst Mitte des 19. Jahrhunderts ersetzte man die Fachwerkfassade durch hochgemauerte Wände. An den Flügeln der Ostseite des Hauses konnten 2004 noch Teile der alten Fachwerkstruktur freigelegt und restauriert werden.

Über Jahrhunderte war die Familie Lowtzow Herr auf Gut Rensow. Erst 1945 endete die Erbfolge, als die Lowtzows enteignet und vertrieben wurden.

Das Gutshaus diente anschließend als Kantine und enthielt auch Sozialräume für die Mitarbeiter der LPG. 1990 wurde das Gebäude von der Landwirtschaft getrennt und ging in den Besitz der Gemeinde über, die es 2002 verkaufte.

Seitdem wird Gut Rensow von Familie Ahlefeldt bewirtschaftet, die das Haus schrittweise und detailgetreu renoviert. Es wird heute teilweise privat genutzt, aber es werden auch Ferienwohnungen vermietet.

In Honig geröstete Bucheckern

Zutaten:
200–400 g Bucheckern, Honig, 1 Prise Salz, Öl oder Butter

Zubereitung:
Die Bucheckern schälen.
Die Kerne in etwas Öl oder Butter bei starker Hitze rösten.
Den Honig hinzugeben und bei niedriger Temperatur unter ständigem Rühren weiter rösten. Je nach Geschmack ein wenig salzen.
Die gerösteten Bucheckern in einer Schale im Wasserbad abkühlen, dabei häufig umrühren, damit sie nicht aneinanderkleben.

Karamellisierte Kartoffeln

Zutaten:
Ca. 80–90 g Zucker, 1 Prise Salz, 25 g Butter, 1 kg geschälte kleine feste Kartoffeln

Zubereitung:
Die Kartoffeln kochen.
Den Zucker gleichmäßig in der kalten Pfanne verteilen (Pfannendurchmesser 20–25 cm).
Den Zucker bei starker Hitze ohne Rühren schmelzen lassen und nach ca. 2 Min. die Hitze reduzieren.
Die Butter dazugeben und noch einmal stark erhitzen.
Die Kartoffeln abtropfen und abschrecken. In die Pfanne geben und bei starker Hitze 4–5 Min. karamellisieren. Je nach Geschmack noch eine Prise Salz beifügen.
Falls die Kartoffeln zu trocken werden, kann man noch etwas kaltes Wasser hinzugeben.
Es eignen sich auch Pellkartoffeln vom Vortag, die durch das Karamellisieren erwärmt werden.

Rehrücken à la Rensow

Zutaten:

2 kg Rehrücken, 1 Flasche Rotwein, 10–20 Schalotten, 150–200 g dünne Speckstreifen, Thymian, Rosmarin, Meersalz, Pfeffer, Öl, Butter, Mehl

Zubereitung:

Den Rehrücken von Häuten und Sehnen befreien, zunächst mit Meersalz, etwas grob zerstoßenem Pfeffer und Kräutern einreiben.

Mit einem scharfen Messer das Fleisch entlang des Mittelknochens ca. 1,5 cm tief vom Knochen lösen.

Das Fleisch in ein Gefäß legen, die Schalotten und den Rotwein hinzugeben und 1–2 Stunden ziehen lassen.

Danach Öl in einer Pfanne erhitzen und den Rehrücken anbraten. Mit einem Teil des Rotweins ablöschen und in einen Bräter legen.

Rehrücken mit Rosmarin und den Speckstreifen belegen, den Bräter abdecken und im vorgeheizten Backofen bei 200 °C braten lassen. Nach 30 Min. die Temperatur reduzieren (150–170 °C) und weitere 30–45 Min. braten. Zwischendurch das Fleisch mit Bratenfond übergießen.

Den Rehrücken aus der Flüssigkeit nehmen und abgedeckt warm stellen. Die Flüssigkeit durch ein Sieb gießen. Ein Stück Butter und etwas Mehl und eventuell einen Schuss Rotwein in die Flüssigkeit geben und mit einem Schneebesen schlagen.

Den Inhalt des Siebes wieder in den Fond geben.

Das Fleisch vom Knochen trennen, in Scheiben schneiden.

Dazu werden karamellisierte Kartoffeln serviert.

Schloss Schlemmin

Die Familie von Thun findet zum ersten Mal urkundliche Erwähnung im Jahre 1283 – anlässlich des Landfriedensbündnisses der wendischen Ostseeländer. Wilhelm Ulrich von Thun war es dann, der auf den Fundamenten einer alten Wasserburg in den Jahren 1846 bis 1850 das Schlemminer Guts-Schloss erbauen ließ. Es gilt als das bedeutendste Zeugnis des damals so beliebten Tudor-/ Neugotikstils in Vorpommern.

Das Schloss war so repräsentativ, dass dort immer wieder preußische Könige und Prinzen auf ihrer Durchreise Station machten.

Im 20. Jahrhundert übernahm eine Erbengemeinschaft der Familie Thun die Verantwortung für das Schloss und setzte einen Verwalter ein. In den Wirren der letzten Kriegsmonate wurde Schlemmin, das zuvor schon eine ganze Weile leer gestanden hatte, als Lazarett genutzt. 1945 erreichten die Flüchtlinge aus dem Osten auch Schlemmin und fanden hier erste Un-

terkunft. Mit der Besetzung des Schlosses durch die Rote Armee endete die Herrschaft der Familie Thun.

In der DDR diente Schlemmin zuerst als Schule und Konsum-Verkaufsstelle. 1970 wurde das Schloss zum Gästehaus der LPG.

Nach der Wende fiel der Besitz an die Gemeinde Schlemmin. Eine Unternehmensgruppe bemühte sich seit 1992 ohne großen Erfolg, im Gebäude ein Hotel zu etablieren. 1999 wurde der Besitz an einen Bremer Investor verkauft, der Schloss Schlemmin von Grund auf sanierte und modernisierte. Auf diese Weise wurde es vor dem endgültigen Verfall gerettet und ist heute, umgeben von einem weitläufigen Park, als „Schlosshotel Schlemmin" der Öffentlichkeit zugänglich.

Hummerravioli in einer Flusskrebs-Vermouth-Soße

Zutaten für die Ravioli:

250 g Mehl, 3 Eier, 50 g Hartweizengries, Wermutblätter

Zutaten für die Füllung:

2 kleine Hummer, 100 g Fischfarce, 100 g Brunoise von Karotten, Lauch und Sellerie (d. h. in sehr kleine Würfel geschnitten), 2 EL geschlagene Sahne

Zutaten für die Vermouthsoße:

1 l Fischfond, 100 ml Vermouth, 40 g Butter, 40 g Mehl, 1 Bund Wermutblätter, 500 g Flusskrebse

Zubereitung:

Teig für die Ravioli herstellen und ausrollen. Wermutblätter auf dem Teig verteilen, Teig zusammenfalten und nochmals ausrollen. Danach die Ravioli rund ausstechen – pro Ravioli zwei Teigscheiben (Ober- und Unterseite). Das Unterteil mit der Fischfarce dünn bestreichen. Etwas Gemüse (Brunoise) darüberstreuen und darauf ein Stück Hummerfleisch platzieren. Den Rand des Unterteils mit Eigelb bestreichen. Das Oberteil des Teigs darüberlegen und gut andrücken (am besten mit einer Gabel). Im kochenden Wasser ca. 5 Minuten ziehen lassen.

Fischfond erhitzen, mit der aus Mehl und Butter hergestellten Mehlbutter binden und zum Kochen bringen. Nach ca. 15 Min. sollte der Mehlgeschmack ausgekocht sein. Mit einem Schluck Sahne das Ganze verfeinern. Vor dem Anrichten den frisch gehackten Wermut und die Krebsschwänze dazugeben. Auf einem Teller die Ravioli anrichten, die Flusskrebssoße darüberträufeln und mit Krebsnasen und Hummerscheren garnieren. Zur farblichen Abstimmung das Ganze mit etwas Rucola oder Dill bzw. Feldsalat dekorieren.

Kastanien-Cappuccino
eine sehr schmackhafte und außergewöhnliche Vorsuppe

Zutaten:

1 kg Kastanien (Maronen), 1 Zwiebel, 200 g Sellerie, 200 ml Geflügelsoße (dunkel), 1 Packung Pumpernickel, 1 l Rinderbrühe, gehackter Rosmarin und Thymian, Öl, Salz, Pfeffer und Muskat

Zubereitung:

Die Zwiebel und den Sellerie auf Wallnussgröße schneiden, danach in einem geeigneten Topf mit etwas Öl anschwitzen. Die Kastanien dazugeben. Danach Rosmarin und Thymian dazugeben und mit Brühe auffüllen. Die Kastanien ca. 20 Min. weich kochen lassen und anschließend pürieren. Mit der Geflügelsoße das Ganze nochmals aufkochen und mit Pfeffer, Salz und Muskat abschmecken.

Zum Anrichten die Suppe in eine Cappuccino-Tasse geben, mit einer Sahnehaube versehen und mit sehr fein gehacktem Pumpernickel (optischer „Kakaoersatz") garnieren.

Burg Schlitz

Burg Schlitz, ein beeindruckender Bau des Klassizismus, blickt auf eine wechselvolle Geschichte zurück.

Hans Graf von Schlitz ließ die Burg vor knapp 200 Jahren erbauen. Nach einem ersten Konkurs im Jahre 1831 blieb Schlitz dennoch weitere 100 Jahre in Familienbesitz. Es war Heinrich Graf von Bassewitz-Schlitz, der das Anwesen übernahm und weiterführte. 1931 musste Burg Schlitz abermals Konkurs anmelden. Sie wurde der Mecklenburger Landwirtschaftsgesellschaft übereignet, die das Gut an Emil Georg von Strauss – der unter anderem Vorstand der Ufa-Filmgesellschaft war – verkaufte.

Nach seinem Tod im Jahre 1942 blieb die Witwe auf Burg Schlitz zurück und musste nach 1945 die Enteignung des gesamten Besitzes erleben. Zu DDR-Zeiten war in der Burg zuerst eine Schule untergebracht. Später wurde sie als Senioren- und Pflegeheim genutzt.

Nach der Wende reifte in der Vorstandsetage der Mast-Jägermeister AG in Wolfenbüttel der Plan, Burg Schlitz zu erwerben und in ein Schlosshotel zu verwandeln. 1992 konnte die Gesellschaft das Anwesen kaufen und mit der

Renovierung beginnen. Den Anfang machte – aus Respekt vor der Tradition – die Karolinenkapelle mit ihrer wertvollen Orgel. 1999 waren die Restaurierungsarbeiten abgeschlossen. Schon kurz nach der Eröffnung im Jahre 2000 wechselte der Eigentümer erneut.

Die Stinnes-Unternehmensgruppe mit Mathias Stinnes als Geschäftsführer übernahm den Hotelbetrieb.
Im Dezember 2002 wurde das Schlosshotel Burg Schlitz Mitglied der renommierten Hotelkooperation Relais & Chateaux.

Himmel und Erde mit Imperial Taubenbrust

Zutaten:

3 große Pellkartoffeln, 1 geschälter Apfel in Zucker und Portwein glasiert, 1 Blutwurst (am besten boudin noir), 1 Taubenbrust, scharf angebraten und kalt gestellt, Strudelteig, Geflügelfarce, flüssige Butter

Zubereitung:

Die Kartoffeln, den Apfel, die Blutwurst und die Taubenbrust würfeln und abwechselnd mit der Farce zusammenfügen.

Den Strudelteig auslegen und mit Butter bepinseln.

Alles in den Strudelteig einschlagen, leicht anbraten und bei 180 °C 6 Min. im Ofen garen und anschließend 4 Min. an einem warmen Ort ruhen lassen.

Aufschneiden und mit Kartoffelpüree und Trüffeljus servieren.

Holunderblütengelee mit Sauerrahmeis

Zutaten für den Holunderblütengelee:

Frisch gepflückte Holunderblüten, Weißwein, Zucker, Wasser, Zitrone

Zubereitung:

Alle Zutaten aufkochen und mindestens zwei Tage im Kühlschrank ziehen lassen.

Dann 12 g Gelierguss auf einen Liter verkochen, kalt stellen und das gelierte Süppchen mit dem Mixer fein mixen.

Zutaten für das Sauerrahmeis:

600 g Sauerrahm, 1 EL Milchpulver, 80 g Puderzucker, $^{1}/_{2}$ Zitrone (unbehandelt), Saft und Schale davon, 200 ml Sahne, 1 TL Speisestärke

Zubereitung Sauerrahmeis:

Sauerrahm mit Zitronensaft, Zucker und Milchpulver verrühren und quellen lassen.

Sahne dazufügen und gefrieren.

Mit Waldbeeren und Hippengebäck anrichten.

Schloss Schorssow

Schorssow wird schon im 14. Jahrhundert als Adelssitz erwähnt, erhielt aber erst zu Beginn des 19. Jahrhunderts seine heutige Gestalt als klassizistischer Dreiflügelbau.

Das Schloss steht am hauseigenen See inmitten eines englischen Landschaftsparks und ist eng verbunden mit der bewegten Geschichte Mecklenburgs, die vielfach von berühmten Namen geprägt ist.

Vom 14. bis zum 16. Jahrhundert residierte auf Schorssow die Familie Maltzan, ab 1545 der Herzog Hans von Schleswig-Holstein-Gottorp, 1610 kam das Schloss in den Besitz der

Moltkes und später in den des Frei-
herrn von Tiele-Winkler, dessen Wap-
pen bis heute den Eingang des Hauses
ziert.

Nach der Wende war es die Familie Rü-
ßel, die sich in das Schloss und die Land-
schaft verliebte, sich ein Herz nahm und
den verfallenen Besitz erwarb. Ihre Idee
war es, Schorssow zu einem höchsten
Ansprüchen genügenden Schlosshotel
umzubauen. Das Haus mit so viel Geschichte und moderner Eleganz liegt
auf halber Strecke zwischen Hamburg
und Berlin und lässt in der Stille, die
über Park und See liegt, die Hektik der
Großstadt vergessen.

Schorssower Mohn-Eierlikör-Torte

Zutaten für den Boden:
*6 Eier, 3 EL Wasser, 270 g Zucker, 1 TL Zimt,
180 g Mohn, 150 g Mehl, 1 TL Backpulver*

Zubereitung:
Die Eier, das Wasser, den Zucker und
den Zimt in einer Schüssel zusammen-

mischen und 5 Min. aufschlagen. Den Mohn, das Backpulver und das Mehl unter die Ei-Zucker-Mischung rühren. Den Teig in eine mit Backpapier ausgelegte Springform geben und bei 170 °C 40 Min. backen.

Zutaten für die Kirschen:

1 Glas Schattenmorellen, Zucker, Zimt, Stärkemehl

Zubereitung:

Den Saft in einen Topf geben, mit Zucker und Zimt würzen. Aufkochen und mit in Kirschsaft aufgelöstem Stärkemehl anrühren und binden. Die Kirschen dazugeben und abkühlen lassen.

Zutaten für die Sahnefüllung :
*1 kg geschlagene Sahne, 80 g Gelatine-
pulver, 150 ml Eierlikör, 80 g Mohn*

Zubereitung:
Die Gelatine mit dem erwärmten Eierlikör auflösen. Mohn einrühren, dann
die Sahne unterheben.
Den Tortenboden teilen. Das Unterteil
mit einem Tortenring umschließen.
Die Kirschen einfüllen. Die Mohnsahne
darauf verteilen. Den Tortenboden als
Deckel aufsetzen.
150 ml Eierlikör mit etwas Gelatinepul-
ver andicken und über die Torte geben.
Ca. 5–6 Stunden kühlen.

Mecklenburger Eierlikör-Kaffee

Zutaten:
*2 cl Eierlikör, 1 Tasse Kaffee, geschlagene
Sahne, etwas Kakaopulver*

Zubereitung:
Den Eierlikör erhitzen und in ein vorge-
wärmtes Glas geben.
Mit heißem Kaffee auffüllen und die geschlagene Sahne darauf anrichten.
Mit Kakaopulver bestreuen und heiß
servieren.

Schloss Schwansee

Das Restaurant serviert auf der großen Sommerterrasse oder im gemütlichen Wintergarten raffinierte Menüs in einer Kombination aus mediterraner und deutscher Küche, wobei die regionalen Einflüsse nicht zu kurz kommen. Als Beispiel mag der Mecklenburger Apfel-Schweinebraten dienen, dessen Rezept uns der Chef der Schlossküche verraten hat.

Schwansee – einen romantischeren Namen für ein Schloss findet man wohl kaum. Das klassizistische Schlossgut Groß Schwansee liegt in direkter Nähe zur Ostsee, eine Autostunde von Hamburg und zwei von Berlin entfernt, und wurde 1850 von der Hamburger Bankiersfamilie von Schröder erworben, 1945 jedoch – wie so viele andere Anwesen im Osten Deutschlands – enteignet. Nach der Wiedervereinigung stand das Schloss leer, bis sich 1998 die Familie Dornier entschloss, das Anwesen zu erwerben und aufwändig zu restaurieren und zu modernisieren. Es enstanden ein Restaurant und ein Hotel von eindrucksvoller Eleganz.

Ausschließlich der Mecklenburger Küche widmet sich die „Brasserie", das im ehemaligen Pferdestall des Schlosses untergebrachte zweite Restaurant. Die offene Küche erlaubt es den Gästen, den Köchen bei ihrer Arbeit zuzusehen.

Mecklenburger Apfel- Schweinebraten

Zutaten:

Rücken vom Schwein, Salz, Pfeffer, Butterschmalz, 2 Zwiebeln, 4 kleine Äpfel (Boskop), je 1 Prise Zimt und Nelken, 1 EL Butter

Zubereitung:

Das Fleisch würzen, von allen Seiten im Bräter anbraten, dann heißes Wasser dazugießen.

Mit geschlossenem Deckel etwa eine Stunde auf niedrigster Stufe schmoren, gelegentlich mit Brühe übergießen. Die Äpfel waschen, entkernen und achteln, mit Zimt und Nelke bestäuben und zum Fleisch geben. Butter zufügen und unter ständigem Wenden goldbraun werden lassen.

Das Fleisch schneiden und mit Beigaben wie Kartoffeln oder Klößen servieren.

Fischsuppe nach Boltenhäger Art

Zutaten:

2 große Gemüsezwiebeln, 50 g Zucker, 3 Lorbeerblätter, Pfefferkörner, etwas Essig oder Zitronensaft, je 1 Dorsch und 1 Forelle, 100 g Krabben

Zubereitung:

Den Dorsch und die Forelle filetieren. Mit den Fischabschnitten und den übrigen Zutaten einen Fischfond kochen. Den Fond durch ein Sieb lassen und leicht abbinden. Je nach Geschmack mit süßer Sahne oder Butter verfeinern.

Die Fischfilets in Würfel schneiden und mit den Krabben in die Suppe geben. Ca. 5 Min. ziehen lassen und die Suppe ist servierfertig.

Gutshof Sparow

Der Ort Sparow geht, wenn man den Historikern Glauben schenkt, auf die Zeit der Wenden zurück – wenigstens soll das Großsteingrab am benachbarten Drewitzer See die letzte Ruhestätte des Wendenhäuptlings Stoinef sein. Die erste urkundliche Erwähnung Sparows stammt aus dem Jahr 1500, als eine Verpfändung der Pacht von Gut Sparow besiegelt wurde.

Die Zeiten waren nicht einfach, der Dreißigjährige Krieg ging über Sparow hinweg, die Besitzer wechselten rasch aufeinander, der Ort verfiel und war am Ende vom Aussterben bedroht. Irgendwann – am Ende des 18. Jahrhunderts – kaufte ein Herzog namens Friedrich Franz I. das Anwesen und baute ein Gutshaus. Neues Leben zog in Sparow ein. 1812 schließlich erwarb Wilhelm Nickel den Besitz und bewirtschaftete ihn bis 1945.

Nach der Enteignung durch die Behörden der DDR diente Sparow vor allem der forst- und landwirtschaftlichen Nutzung, wobei es in eine Vielzahl von kleineren Flurstücken aufgeteilt wurde.

1994 erwarb Hans-Dieter Böhm das Anwesen, musste jedoch, um Sparow wieder zu einem einzigen Gut zu vereinen, von verschiedenen Eigentümern insgesamt 1905 Flurstücke zurückkaufen, sodass heute die Eigenjagd wieder die alte Größe von 800 ha umfasst. Der neue Gutsherr entwickelte aus dem alten Gutshaus einen modernen Hotelkomplex, dem er eine Kirche anfügte – die erste, die in den neuen Bundesländern privat finanziert wurde.

Wildsuppe „Hubertus"

Zutaten:

1,5 l Wildfond, 600 g Pfifferlinge, 600 g Wildfleisch, 400 g Schalotten, 800 g Tomatenmark, 200 g durchwachsener Speck, 0,5 l trockener Rotwein, 100 g Preiselbeeren, Wacholderbeeren, Lorbeer, Piment, grüner Pfeffer, Salz, Zucker, Kreuzkümmel, Kartoffelstärke

Zubereitung:

Das Wildfleisch, den Speck und die Schalotten in kleine Würfel schneiden. In etwas Rapsöl den Speck auslassen und die Schalotten dazugeben. Das Wildfleisch mitanbraten und mit Pfeffer würzen. Den Wacholder zerstoßen und zum Fleisch geben.

Wenn das Fleisch angebräunt ist, das Tomatenmark dazugeben und kurz

weiterbraten. Mit Rotwein ablöschen und einmal einkochen lassen. Jetzt mit Salz und den restlichen Kräutern würzen. Den Wildfond auffüllen. Die Preiselbeeren dazugeben und so lange köcheln lassen, bis das Fleisch fast gar ist. In der Zwischenzeit die Pfifferlinge putzen (kleine Pfifferlinge eignen sich am besten).

Wenn das Fleisch fast gar ist, die Pfifferlinge in einer heißen Pfanne anschwitzen, würzen und mit in die Suppe geben.

Die Suppe vor dem Servieren mit etwas Kartoffelstärke binden und abschmecken.

Gebeizter Damwildbraten an Wacholderrahm

Zutaten für die Beize:

3 kg Damwildnüsschen (aus der Keule), 2 l Buttermilch, 1 l trockener Rotwein, Gewürze: Pfeffer, Senfkörner, Wacholder, Kümmel, Rosmarin, Thymian, Kreuzkümmel, rosa Pfeffer, Salbei

Zubereitung:

Buttermilch, Rotwein, Gewürze und Kräuter zusammenrühren und die Nüsschen in der Beize mindestens 2 Tage kühl und abgedeckt lagern.

Zutaten für Damwildbraten und Wacholderrahm:

3 kg gebeizte Damwildnüsschen, 300 g Schalottenwürfel, 300 g Möhrenwürfel, 300 g Staudenselleriewürfel, 300 g Porreewürfel, 1 l trockener Rotwein, 200 ml Sahne, 200 g Tomatenmark, 200 g Butterschmalz, Gewürze: Salz, Pfeffer, grüner Pfeffer, Wacholderbeeren, Thymian, Lorbeer, Piment

Zubereitung:

Die Nüsschen unter kaltem Wasser abspülen und mit Küchenpapier trocken tupfen. Mit Salz und Pfeffer einreiben.

Den Damwildbraten in Öl anrösten. Wenn der Braten von allen Seiten angebräunt ist, aus dem Bräter nehmen und das Gemüse rösten. Wenn das Gemüse Farbe genommen hat, das Tomaten-

und Wasser auffüllen (der Braten darf nicht bedeckt sein!).

Den Braten nun abgedeckt im Ofen ca. 1 $\frac{1}{2}$ Std. bei ca. 180 °C schmoren. Kurz vor Ende der Garzeit den Deckel abnehmen und den Braten wenden.

Wenn das Fleisch weich ist (mit der Gabel einstechen und testen!), den Braten in Alufolie eingewickelt im Ofen warm stellen (Restwärme des Ofens nutzen!).

Den Bratenfond durch ein Sieb gießen und um $\frac{1}{3}$ einkochen lassen, mit etwas Sahne auffüllen, nochmals abschmecken und gegebenenfalls binden.

mark hinzugeben und kurz weiterrösten, mit Rotwein ablöschen und einkochen lassen.

Den Braten auf das Gemüse setzen und bis zur Hälfte des Bratens mit Gewürzen

Zweierlei Kartoffel-Baumkuchen

Zutaten:

300 g violette Kartoffeln (gekocht), 300 g Süßkartoffeln (gekocht), 100 g Creme double, 100 g Butter, 8 Eier, Salz, Pfeffer, Muskatnuss

Zubereitung:

Die Kartoffeln schälen und Süßkartoffeln und violette Kartoffeln getrennt in kaltem Wasser lagern.

Die Kartoffeln getrennt in zwei Töpfen dämpfen, bis sie weich sind. Nach dem Kochen das Wasser abgießen und die restliche Flüssigkeit verdampfen lassen.

Die Kartoffeln getrennt durch eine Kartoffelpresse drücken und etwas abkühlen lassen.

50 g Butter und 4 Eigelb in die violette Masse geben und mit einem Küchenmixer glatt rühren. Desgleichen mit der Süßkartoffelmasse verfahren.

Beides mit Salz, Pfeffer und Muskatnuss würzen.

Eiweiß steif schlagen und vorsichtig unter die kühle Masse heben.

Ein flaches Backblech mit Backpapier auslegen.

Eine dünne Schicht (ca. 2 mm hoch) einfüllen und bei 250 °C Oberhitze backen. Schicht für Schicht, Farbe für Farbe backen, bis die Masse aufgebraucht ist.

Vor dem Anrichten auf den Baumkuchen eine Butterflocke geben und das Ganze im Ofen warm stellen.

Rittergut Tribbewitz

500 Jahre war das Rittergut Tribbewitz Eigentum der Familie von Normann – dann wurde es 1844 verkauft. Ob es daran lag, dass es keine Erben gab, wissen wir nicht. Überliefert ist nur, dass die neuen Besitzer genau jenes Herrenhaus bauten, das sich uns heute zeigt. Sie begründeten auch die inzwischen weithin bekannte traditionelle Pferdezucht in Tribbewitz.

Lange blieben die neuen Herren jedoch nicht, denn die Chroniken verzeichnen immer wieder andere Besitzer des Rittergutes.

Als Tribbewitz 1945 schließlich enteignet wurde, diente es zuerst Flüchtlingen als Unterkunft und war später ein Heim für polnische Gastarbeiter.

Im Laufe der Jahre verfiel die Gutsanlage. Viel hat wohl nicht gefehlt und Tribbewitz wäre in sich zusammengefallen und unseren Blicken entschwunden.

Es waren langjährige, zähe Verhandlungen mit den Behörden nötig, bis die privaten (und bestimmt auch idealistischen) Investoren die heruntergekommene Gutsanlage kaufen und mit der Renovierung beginnen konnten.

Seit Mai 2002 steht das Herrenhaus des Rittergutes nunmehr als kleines, höchsten Ansprüchen genügendes Hotel den Gästen offen.

In Tribbewitz blickt man gern zurück und fühlt sich der Tradition verpflichtet. Deswegen entstand neben dem Hotel eine Pferdezucht mit modernen Stallungen und einer Reitanlage. Das alles steht den Hotelgästen zur Verfügung, die auch mit ihren eigenen Pferden nach Tribbewitz anreisen können.

Pommersche Fischsuppe

Zutaten:

400 ml Fischfond, 150 ml Sahne, 200 ml Weißwein, 60 g Bauchspeck, 1 $\frac{1}{4}$ EL Meerrettich, 150 g gekochte Kartoffeln, 150 g Zander, Salz, Pfeffer, Dill

Zubereitung:

Zander und Kartoffeln in Würfel schneiden und kalt stellen. Bauchspeck fein würfeln und in einem Topf mit wenig Öl anbraten. Mit Weißwein ablöschen, dann den Fischfond und die Sahne dazugeben, kurz aufkochen lassen und andicken. Die Kartoffelwürfel und den geschnittenen Zander dazugeben. Mit Salz, Pfeffer und Meerrettich abschmecken. Zum Schluss den geschnittenen Dill hinzufügen.

Backpflaumen im Schweine-lendchen mit Roter Bete und Meerrettichmousse

Zutaten:

2 Schweinefilets à ca. 300 g, ca. 140 g Backpflaumen, ca. 300 g Bauchspeck-scheiben, Kartoffeln, 2 EL Meerrettich, 300 g Rote Bete (eingelegt und mit Flüs-sigkeit), 60 ml Sahne (40 ml für Rote Bete / 20 ml für Meerrettich), Gelatine (nach Be-darf), Salz, Pfeffer

Zubereitung:

Am Vortag: Gelatine einweichen. Rote Bete pürieren, Sahne hinzugeben. Mit etwas Salz und Pfeffer abschmecken. Einen Teil der Gelatine vorsichtig auf dem Herd schmelzen und unter ständigem Rühren in die Rote-Bete-Masse gießen. Den Meerrettich mit etwas Sahne ver-dünnen. Den Rest der Gelatine eben-falls erhitzen und den Meerrettich unter Rühren hinzufügen. Beides über Nacht im Kühlschrank lagern.

Am nächsten Tag: Die Kartoffeln abko-chen. Vom Schweinefilet Sehnen und Fett entfernen. Das Filet der Länge nach aufschneiden, aufklappen, vorsichtig platt klopfen, salzen und pfeffern. Die Backpflaumen der Länge nach mittig auf das Filet legen und von der Seite her zusammenrollen. Die Speckscheiben versetzt und leicht überlappend auf ei-nem Brett in Länge des Filets auslegen. Filet auf den Speck legen und fest zu-sammenrollen. In einer Pfanne von al-len Seiten gut anbraten. Danach ca. 15 Min. (je nach Größe) im Ofen zu Ende garen. In der Zwischenzeit den Teller mit dem Rote-Bete- und Meerrettich-mousse anrichten. Nach 15 Min. das Schweinefilet aus dem Ofen nehmen und vorsichtig in Scheiben schneiden, die Kartoffeln in Butter schwenken und auf dem vorbereiteten Teller anrichten.

Arme Ritter

Zutaten:

6 Scheiben Zwieback (1 ¹/₂ pro Portion), 100 ml Milch, 2 Eier, 100 g Zucker (50 g für Pflaumen-Ragout / 50 g für Arme Ritter), 2 cl Amaretto, 400 g Pflaumen (entkernt), 200 ml Rotwein, Zimt (nach Bedarf), Vanilleeis

Zubereitung:

Milch, Ei, Zucker und den Amaretto in eine Schüssel geben und gut verrühren. Die Zwiebackscheiben in einen tiefen Teller legen, mit der Milch-Ei-Masse übergießen und einweichen lassen. In der Zwischenzeit etwas Zucker in einer Pfanne schmelzen, die entkernten Pflaumen und den Rotwein dazugeben und köcheln lassen, etwas andicken, mit Zimt abschmecken und beiseite stellen. Die eingeweichten Zwiebackscheiben in etwas Pflanzenöl von beiden Seiten vorsichtig anbraten, aus der Pfanne nehmen und auf einem Tuch abtropfen lassen. Die Pflaumen in der Mitte des Tellers anrichten, die Zwiebackscheiben in Dreiecke schneiden und an die Pflaumen legen. 2 Kugeln Vanilleeis hinzufügen.

Gutshaus Woldzegarten

Manchmal stoßen wir beim Blättern in Zeitschriften auf ein Bild, das uns nicht wieder loslässt. So geschah es, als ich die Fotografie des Gutshauses Woldzegarten – eingebettet in grüne Wiesen und knorrige Obstbäume – sah. „Hier möchte ich meine Sommertage verträumen und am Abend in der Gutsküche mit guten Freunden zusammensitzen ...", dachte ich und verlor mich in der Zeit. Vielleicht ist es ja so, dass einigen meiner Vorväter – Mecklenburger Pfarrer, Apotheker, Fuhrleute und Advokaten – auf diese Weise das Glück zuteil wurde ... und ich also heute nichts weiter tue, als mich in ihrem Namen zu erinnern.

Woldzegarten liegt ca. 11 km nordwestlich von Röbel, malerisch zwischen eiszeitlichen Höhenrücken und sumpfigen Niederungen am Tangahnsee. Der Name kommt aus dem Slawischen und bedeutet so viel wie „die Burg am Waldsee". Dank seiner Lage zwischen zwei Seen war Woldzegarten immer schwer zugänglich und gut zu verteidigen. Reste eines alten slawischen Burgwalls sind heute noch vorhanden.

1477 übernahm Andreas von Flotow die Ländereien um Woldzegarten. Seine Familie hatte im nahe gelegenen Sumpfgebiet von Stuer eine burgartige Befestigung als Stammsitz gebaut.

Bis 1945 war die weit verzweigte Familie von Flotow in Besitz des Gutes.

Die Kellergewölbe des eindrucksvollen Herrenhauses sind um einiges älter als das heutige Gutshaus und wahrscheinlich auch älter als der Vorgängerbau. Bei den Restaurierungsarbeiten soll ein unterirdischer Fluchtweg in Richtung Tangahnsee entdeckt worden sein.

1738 brannte das Gutshaus ab. Die Familie von Flotow ließ auf dem Feldsteinfundament das heutige Fachwerkgebäude über elf Achsen aufbauen.

Nach 1945 wurden kommunale Einrichtungen, wie z. B. das Gemeindebüro, der Kindergarten und ein Konsum, im Gutshaus untergebracht.

Nach 1990 verfiel der Gutshof zusehends.

1996 konnte das Anwesen durch den Berliner Arzt Dr. Wolfgang Droll erworben werden. Nach einer Entkernung wurde das Gutshaus mit authentischen Materialien denkmalgerecht wieder aufgebaut und hat damit seine ursprüngliche Ausstrahlung wiedererhalten.

Heute ist es durch die gelungene Restaurierung und seine ruhige Lage ein beliebtes Hotel und Ausflugsziel.

Gebratenes Zanderfilet auf Gewürzbirnen und Speckkartoffeln

Zutaten:

4 Zanderfilets mit Haut à 140 g, Salz, Mehl, Olivenöl

Zutaten für die Gewürzbirnen:

4 feste, reife Birnen, 200 g Rohrzucker, 250 ml Apfelsaft, $^1/_2$ Zitrone (nur Saft), 1 Vanilleschote (längs halbieren und Mark herauskratzen), 2 Lorbeerblätter, 2 Sternanis, 2 Nelken, Safranfäden

Zutaten für die Speckkartoffeln:

8 kleine junge Kartoffeln, Kümmel, 1 Lorbeerblatt, Salz, 8 Baconscheiben, 1 Thymianzweig, 1 Knoblauchzehe, Olivenöl, Pfeffer aus der Mühle

Zubereitung:

Kartoffeln waschen und mit Salz, Lorbeer und Kümmel kochen, bis sie gar sind. Wasser abgießen und Kartoffeln ausdampfen lassen.

Für die Gewürzbirnen den Rohrzucker schmelzen und mit dem Apfelsaft ablöschen. Restliche Zutaten, außer den Birnen, zugeben und aufkochen. Bei mittlerer Flamme um die Hälfte reduzieren.

Birnen schälen und Kerngehäuse herausschneiden. Die Birnenviertel in den Gewürzsud geben und ca. 5 Min. sachte mitköcheln lassen. Den Topf von der Flamme nehmen und die Birnen darin gar ziehen lassen.

Kartoffeln mit den Baconscheiben umwickeln und in einer Pfanne bei mittlerer Hitze in Olivenöl mit dem Thymianzweig und der angedrückten Knoblauchzehe goldbraun anbraten. Zum Schluss mit Pfeffer würzen.

Die Fischfilets salzen und die Hautseite in Mehl drücken. In einer Pfanne mit Olivenöl die Filets auf der Hautseite zuerst schön kross braten.

Die Zanderfilets auf den Gewürzbirnen mit den Speckkartoffeln und dem Gewürzsud anrichten.

Salatkomposition

Zutaten:
1 Friseésalat, 1 Radicchio Castelfranco

**Zutaten für die
Mango-Honig-Vinaigrette:**
*1 Schalotte, 100 ml Gemüsebrühe, 50 ml
Weißweinessig, 1 reife Mango, 2 EL Honig,
Salz, Pfeffer und Zucker nach Belieben*

Zutaten für das Topping:
*10–12 Flusskrebse, Sauerrahm nach Be-
lieben, Maränenkaviar nach Belieben*

Zutaten für die Garnitur:
*Kerbel, 20 Kirschtomaten, Olivenöl,
Salz, Pfeffer, Zucker, Thymian, Rosmarin,
2 Knoblauchzehen*

Zubereitung:
Zunächst sollten beide Salate gewaschen
werden. Der Friseésalat wird gezupft,
vom Radicchio sollte erst der Kern (Wur-
zel) entfernt werden, dann kann auch dieser gezupft und gemeinsam mit dem Friseésalat auf 4 Tellern angerichtet werden.
Für die Vinaigrette werden eine Schalotte
und eine Mango in kleine Würfel geschnitten. Die Schalotten werden angebraten, etwas später wird die Mango hinzugefügt. Gewürzt wird das Ganze mit
Honig, Salz und Pfeffer. Wenn die Mango
weich geköchelt ist, dienen Brühe und
Weißweinessig zum ablöschen.
Die Vinaigrette kann nun über dem Salat
verteilt werden.
Nun werden die Flusskrebse angebraten. Wenn diese ihre schöne rosa Farbe
erreicht haben, können sie auf den Salat
gelegt werden. Weiterhin werden Sauerrahm und Kaviar (nach Belieben) über
den Salat gegeben.
Als Garnitur dienen Kerbel und Kirschtomaten.
Die Tomaten werden in 2 EL Olivenöl, Salz,
Pfeffer, Zucker, Thymian, Rosmarin und
2 Knoblauchzehen eingelegt und für
5 Min. in den Ofen gestellt. Anschließend
können auch diese kleinen Leckereien
auf dem Salat verteilt werden.

Inhalt

Vorwort 7
Rittergut Bömitz 11
Domäne Fürstenhof 17
Gut Gremmelin 20
Gutshaus Harkensee 25
Jagdschloss Kotelow 29
Gutshaus Kubbelkow 33
Landsitz Luckwitz 39
Gutshaus Ludorf 44

Schloss Marihn 50
Gutshaus Rensow 55
Schloss Schlemmin 60
Burg Schlitz 65
Schloss Schorssow 69
Schloss Schwansee 73
Gutshof Sparow 76
Rittergut Tribbewitz 82
Gutshaus Woldzegarten 87

Rezepte

Jakobsmuschelbrot 13
Schnäpelfilet auf Rahmgurkensalat 15
Schokoladenkuchen und Kirschen 16
Stampfkartoffeln mit Speckstip und
Spiegelei 18
Mit Steinpilzen gefüllte Maispoularde
mit gratinierten Kartoffelhälften
und Rotweinschalotten 22
Maränentatar mit Limetten 24
Mecklenburger Punsch 27
Das Originalrezept „Blancmanger –
dem Großherzog seine" 28
Bunter Wildkräutersalat der
Saison mit Kotelower Dressing 30
Kotelower Wildgulasch mit Preiselbirnen
und Mecklenburger Kartoffelklößchen 31
Frischer Zander aus dem Galenbecker
See, gedünstet in Zitronenkräutern,
Sauce Hollandaise und Dampfkartoffeln 32

Salat von wilden Kräutern in Sherry-Honig-
Vinaigrette mit glasierter Lammleber
und Sanddorn-Apfel-Chutney 35
Aufgeschlagenes Süppchen von der Vogel-
miere mit gebackener Maispoularde 36
Kartzitzer Rehrücken mit Kubbelkower
Walnüssen überkrustet auf getrüffeltem
Selleriepüree und karamellisiertem Kraut 37
Gelierter Champagner mit
Sauerkleesorbet 38
Hausgebeizter Lachs mit sahnigem Schaum
vom wild gewachsenen Meerrettich und
Mecklenburger Frühlingstüften 40
Resteessen: Lachstatar als Belohnung
für die Mühe 43
Bärlauchsuppe mit Kartoffeln 45
Mecklenburger Kloppschinken mit
mariniertem Kopfsalat 46
Linsensalat mit pommerscher Spickbrust . . . 47

Gekochter Müritzhecht in feiner
Kräutersoße 47
Gefüllter Gänsebraten...................... 48
Gefüllte Bratäpfel 49
Fenchelsuppe.............................. 52
Mangold-Quiche........................... 53
In Honig geröstete Bucheckern 57
Karamellisierte Kartoffeln 57
Rehrücken à la Rensow 59
Hummerravioli in einer Flusskrebs-
Vermouth-Soße........................... 63
Kastanien-Cappuccino 64
Himmel und Erde mit Imperial
Taubenbrust.............................. 67
Holunderblütengelee mit
Sauerrahmeis............................. 68

Schorssower Mohn-Eierlikör-Torte 70
Mecklenburger Eierlikör-Kaffee 72
Mecklenburger Apfel-Schweinebraten 75
Fischsuppe nach Boltenhäger Art 75
Wildsuppe „Hubertus" 78
Gebeizter Damwildbraten an
Wacholderrahm............................ 79
Zweierlei Kartoffel-Baumkuchen............ 81
Pommersche Fischsuppe 84
Backpflaumen im Schweinelendchen
mit Roter Bete und Meerrettichmousse 85
Arme Ritter 86
Gebratenes Zanderfilet auf Gewürzbirnen
und Speckkartoffeln....................... 89
Salatkomposition 90

Die Rezepte sind, wenn nicht anders angegeben, für vier Personen berechnet. Alle Rezepte und Tipps sind mit Sorgfalt ausgewählt und geprüft. Eine Haftung des Verlages und seiner Beauftragten für alle erdenklichen Schäden an Personen, Sach- und Vermögensgegenständen ist ausgeschlossen.

Bibliografische Information der Deutschen Nationalbibliothek

Die Deutsche Nationalbibliothek verzeichnet diese Publikation in der Deutschen Nationalbibliografie; detaillierte bibliografische Daten sind im Internet über http://dnb.d-nb.de abrufbar.

Bildnachweis:
Tourismusverband Mecklenburg-Vorpommern: S. 2/3 (Kliem), 6 (Kliem), 80
Alle anderen Bilder wurden von den jeweiligen Häusern freundlicherweise zur Verfügung gestellt.

© 2009 by Husum Druck- und Verlagsgesellschaft mbH u. Co. KG,
 Husum
Gesamtherstellung: Husum Druck- und Verlagsgesellschaft
Postfach 1480, D-25804 Husum – www.verlagsgruppe.de

ISBN 978-3-89876-440-7

Rügen

Mecklenburg-Vorpommern

0   5   10   20   30 km

Rittergut
Tribbewitz

Bergen

Gutshaus
Kubbelkow

Rostock

Bad Doberan

Bad Doberan

Schloss
Schwansee

Gutshaus
Harkensee

Güstrow

Wismar

Grevesmühlen

Gut
Gremmeli

Nordwestmecklenburg

Güstrow

Burg S

Schwerin

Landsitz
Luckwitz

G
Sp

Parchim

Gutsh
Woldz

Parchim

Ludwigslust

Ludwigslust